ÚRSULA PERONA MIRA

NAS
Niños altamente sensibles

TOROMÍTICO

Ediciones Toromítico · Padres y educadores
Edición de Óscar Córdoba
Corrección y maquetación: Rebeca Rueda

www.toromitico.com
@AlmuzaraLibros
info@almuzaralibros.com

Imprime: Gráficas La Paz
ISBN: 978-84-18952-38-8
Depósito Legal: CO-1029-2021
Hecho e impreso en España - *Made and printed in Spain*

*Para mi niña interior, esa de ojos
asustados y mirada triste, a la que
tantas veces he desatendido.*

*Para mi hija Noa, mi pequeño erizo.
Suave y sensible por dentro, pinchona
por fuera. Tu sensibilidad es tu
fortaleza, no tu debilidad.
No lo olvides.*

UN REGALO ENVENENADO

Es así de rotundo y de simple: ser una persona altamente sensible puede convertirse en un regalo envenenado, sobre todo si creces en un entorno hostil con las emociones, cerrado comunicativamente.

El niño altamente sensible empieza pronto a notar que es diferente (y sus papás también). Desde bien pequeño, sabe perfectamente que su mente no funciona como la de los demás. Percibe todo lo que sucede a su alrededor con gran detalle y suspicacia: las sutilezas de las sombras en la pared, el gesto repetitivo de su madre golpeteando con las uñas sobre el tapete cuando está nerviosa, incluso ha aprendido a reconocer si su padre llega de mal humor por la manera en que abre la puerta de casa y entra por el pasillo.

El niño altamente sensible es contemplativo, puede perderse durante horas simplemente callejeando, observando el mundo, analizando el entorno. El caer de las hojas en otoño, los colores del atardecer, los sonidos de la calle. También le gusta mirar a la gente, inventa sus vidas, imagina cómo serán en sus hogares, intenta adivinar lo que piensan o cómo se sienten.

Aunque no es necesariamente un niño solitario, disfruta estando solo, no es algo que le incomode o asuste. A veces se siente algo excluido, aunque es sociable y tiene amigos, se sabe y se siente diferente a ellos.

Porque él casi nunca está en lo concreto. Sus amigos, cuando juegan, están jugando. Cuando pintan, están pintando. Él siempre está allí, y también en otro lugar. Su mente y sus emociones se desdoblan, percibe todo, analiza todo, trata de entender todo.

A menudo la gente y el mundo lo desbordan. Demasiado ruido, demasiadas palabras, demasiadas emociones. Demasiada información que procesar. ¿A quién no le abrumaría?

El niño altamente sensible se hace muchas preguntas. Le cuesta entender el mundo, la vida, a las personas. Puede que el niño sea pequeño, pero sus emociones son enormes. Lo que duele duele de manera intensa. La vergüenza resulta perturbadora, insidiosa.

El amor es también de otro nivel, lo envuelve todo. Por eso a veces se siente en una montaña rusa: porque lo bueno es muy bueno, y lo malo es muy malo. Es como si en sus emociones no hubiera escala de grises, todo es extremo.

Aunque es un niño, sabe perfectamente que no es como los demás. La inteligencia y esa capacidad de análisis profunda que lo caracterizan, sumadas a su fuerte intuición, lo hacen jugar en otra liga. En una liga que puede ser maravillosa si es guiada, aceptada y acompañada por su familia, pero que también puede convertirse en un regalo envenenado si no sabe qué hacer con esas emociones perturbadoras.

Si tienes este libro entre tus manos es porque sospechas que tu hijo puede ser un niño altamente sensible. Y tomando el tiempo de leer sus páginas, ya le estás haciendo un gran regalo, porque aprenderás a entender cómo funciona tu hijo y qué necesidades tiene. Ese, sin duda, es el mejor legado que puedes hacerle: conocer a tu hijo, aceptarlo y amarlo incondicionalmente. Saber qué necesita para su desarrollo integral respetando su personalidad y su naturaleza sin tratar de cambiarlo ni moldearlo. Simplemente, siendo los compañeros de viaje que necesita.

Porque no hay que quedarse únicamente con las palabras que denotan algo negativo. Un «regalo envenenado», bien cuidado, sigue siendo un regalo.

«Toda virtud tiene su sombra».
ELAINE ARON

★   ★

CAPÍTULO 1

¿QUÉ SIGNIFICA SER ALTAMENTE SENSIBLE?

DEFINICIÓN DEL RASGO

El término *alta sensibilidad* hace alusión a un rasgo de la personalidad identificado y acuñado por la psicóloga estadounidense Elaine Aron durante la década de los noventa. No se trata de timidez, aclarar este punto fue el motor inicial de las investigaciones de la doctora Aron, pues se dio cuenta de que, tanto en personas introvertidas como en extrovertidas, había factores comunes que no podían incluirse dentro de ese tándem opuesto tan conocido. O se es tímido o no se es, como el agua y el aceite, ideas opuestas que no se identifican. En esta ocasión, hay matices.

No es simple introversión, hay algo más allá y se conoce como «rasgo de la sensibilidad de procesamiento sensorial» (SPS), que implica una profunda sensibilidad sensorial y emocional.

No es que se haya descubierto algo novedoso y desconocido hasta la fecha, es simplemente que estábamos encasillando o calificando de manera incorrecta comportamientos, emociones y reacciones. Según palabras de la propia Aron, «un niño de alta sensibilidad puede ser también tímido, miedoso o introvertido, pero ninguna de estas características capta el rasgo existente debajo de todo ello».

Ú Hay bebés que son muy reactivos. Ya desde las primeras semanas de vida se despiertan al menor ruido o cambio en su entorno. Su sueño es ligero, despiertan al mínimo sonido. Si se duermen en brazos, apenas intentas dejarlos en la cuna se despiertan. En una reunión familiar se ponen nerviosos, lloran y se muestran irritables: demasiado ruido, demasiadas voces, demasiadas personas. Por lo general, los padres empiezan a amoldarse a esa sensibilidad: tratan de no hacer ruido cuando el bebé duerme para que no se despierte, implantan rutinas que lo mantienen calmado, evitan lugares con demasiados estímulos sonoros o visuales. Intuitivamente, sin saberlo, hacen lo que su hijo necesita. Sin embargo, son pronto tachados de «demasiado blandos, sobreprotectores o consentidores». Y empieza el juicio, las dudas sobre si lo están haciendo bien y la oscilación en la crianza: ¿debo adaptarme a sus necesidades o debo imponerle otras condiciones «para que se acostumbre»?

Entre un 15 o 20 % de la población es altamente sensible. No es una característica meramente humana, se ha comprobado que en diferentes especies también existe este rasgo. No es algo extraño o fuera de lo común, podría decirse que es un tipo de personalidad con matices propios. Igual que tenemos muy asimilado que hay personas temperamentales, cariñosas, dulces o ariscas, también hay que comprender que hay personas altamente sensibles.

Ya sabemos que este rasgo se ha observado en más de 100 especies de animales, pero vamos a verlo con más claridad en uno muy cercano, en el mejor amigo del hombre: el perro.

¿Cómo sabemos que un perro es altamente sensible?

Estaremos ante un can siempre alerta, velando por la armonía de la «manada». Se percatan antes que otros perros de los posibles peligros y alertan a su entorno de ello. También se saturan fácilmente (tanto en compañía de más perros como de más personas). Son perros más reflexivos y empáticos, con mayor capacidad para asociar y relacionar la información recibida. Un solo perro que cumple estas características será altamente sensible.

Puede verse que es bastante similar y tiene su sentido que exista este rasgo a nivel evolutivo. A veces es necesario percatarse de los detalles sutiles, reflexionar y comparar en profundidad para sobrevivir y mejorar. Ser altamente sensible no afecta a la mayoría de la población, si fuera así no tendría ninguna ventaja. En el mundo animal sucede lo mismo y puede comprenderse con mayor claridad. El lobo altamente sensible es capaz de ejercer de líder, de adelantarse a lo que va a suceder y alertar al resto si un peligro lejano acecha. Supervivencia, evolución. Un rasgo distintivo del que puede extraerse una gran utilidad.

El niño altamente sensible nace con una tendencia a ser más consciente de todo lo que lo rodea. Dispone de una profunda capacidad de reflexión interior, piensa mucho antes de actuar o tomar decisiones, es empático, creativo, inteligente e intuitivo, además de atento y muy concienzudo en su proceder. Esto también tiene su parte negativa: percibir tantos estímulos con semejante lujo de detalle a veces puede ser agobiante, destapándose así su carácter sensible, quizá a veces tímido o retraído porque necesita evitar este tipo de situaciones intensas para no abrumarse.

Ú Fui una niña altamente sensible. Obviamente entonces no lo sabía, pero sí era completamente consciente de que era diferente a los demás. Era un rasgo mío indefinido, vago, que lo teñía todo. Una de las cosas que más me llaman la atención es la memoria. Puedo recordar aspectos de mi vida con una nitidez asombrosa. Es lo que se llama «memoria episódica»: un tipo de memoria declarativa que contiene información sobre nuestras experiencias vividas. Puedo volver a muchos momentos concretos de mi niñez, y es como abrir una caja de Pandora: la destapas y aparecen olores, colores, la temperatura que hacía, incluso lo que sentía. Resulta abrumador. Además, mi caótica memoria funciona en cascada: si permanezco un tiempo en un recuerdo, va ampliándose con otros relacionados. Es como estar dentro de una película. De la película de mi vida.

El cerebro del niño altamente sensible procesa toda la información de manera exhaustiva. Dispone también de reflejos más veloces y suele tener un sistema inmunológico más reactivo. En conclusión, su organismo está preparado para comprender y percibir todo lo que recibe de manera muy precisa y detallada.

> «La sensibilidad levanta una barrera que
> no puede salvar la inteligencia».
>
> AZORÍN

HISTORIA Y ORIGEN DEL CONCEPTO

Algunos de los más grandes descubrimientos surgen por mera casualidad o nacen de historias de lo más curiosas. En este caso, todo surgió por un pequeño «pique» personal. Un psicólogo le dijo a la doctora Aron que era «demasiado sensible» y, como profesional, ella se propuso investigar al respecto para que el hecho de ser sensible no implicara connotaciones negativas, sino que se respetase el rasgo, su sentido y su procedencia.

Así pues, comenzó una intensa encuesta en su universidad para reconocer cuántas personas eran altamente sensibles ante estímulos evocadores físicos o emocionales. Los resultados le sorprendieron. El 70 % de los encuestados y considerados altamente sensibles eran introvertidos, pero el 30 % no. Se trataba de personas extrovertidas que, sin embargo, compartían con el resto otro factor completamente ajeno a la introversión o la extroversión, algo distinto. Un rasgo que se había estado pasando por alto.

Elaine y Arthur, su pareja, trabajando juntos a finales de los sesenta.

Ú En mi caso, y en el de muchas otras personas altamente sensibles que he ido conociendo, soy del 30 % que conformamos el grupo de extrovertidos. En relación a la alta sensibilidad, ser extrovertido no es precisamente una ventaja, porque te deja más expuesto, más vulnerable. La persona tímida se protege en ese mundo interior tan complejo de las interacciones con los demás y de la gran cantidad de estímulos y emociones que de ellas se derivan. Las personas extrovertidas no juegan con esa ventaja adaptativa y son como un barco mecido por las olas. El descontrol emocional es en ocasiones agotador.

Desde esos primeros descubrimientos hasta la fecha, se han ido sumando diversos estudios, encuestas y otros tantos profesionales de diferentes partes del mundo que avalan la existencia de este rasgo y la necesidad de prestarle la atención necesaria para exprimir todas sus ventajas y que no se vuelva en nuestra contra, algo relevante en la crianza de tu hijo.

INVESTIGACIONES CIENTÍFICAS

No pretendo ponerme demasiado técnica, pero si estás interesado en ampliar información, te dejaré una serie de nombres y referencias para que, si necesitas más apoyo científico al respecto, lo amplíes concienzuda y libremente.

La idea de este libro es ayudarte a entender a tu hijo y sus necesidades, con unas pinceladas y argumentaciones fáciles de asimilar que te permitan ponerte en acción cuanto antes para criar a tu niño altamente sensible de la manera que mejor se adecúe a su personalidad. Tú lograrás entender su comportamiento y cómo reforzar los puntos positivos de su carácter, y él encontrará el cariño, la comprensión y el apoyo que tanto necesita.

Pese a todo, y como ya he dicho, sí voy a mencionar algunas investigaciones que demuestran que no, que esto no es un invento de la era moderna con la que nos obsesionamos por dar nombre a todo y justificar lo injustificable. El rasgo de la alta sensibilidad es real y no solo se da en los humanos.

Fue Stephen Suomi quien, en la década de los setenta, realizó los primeros estudios sobre susceptibilidad diferencial, pues había observado que una minoría de monos Rhesus nacían con una variación genética particular que les hacía mostrarse más tensos de lo normal ante situaciones de estrés. Pero, si estas crías se entregaban a las madres «más hábiles y pacientes» para que los criaran, se convertían curiosamente en monos muy competentes, llegando muchos de ellos incluso a liderar el grupo.

Y aquí viene lo interesante, este tipo de monos y nosotros, los humanos, compartimos una variación genética relacionada con la cantidad de serotonina del cerebro que representa una de las principales causas de susceptibilidad diferencial. Esta variación implica ventajas como mejor memoria de lo aprendido, mejor toma de decisiones y un funcionamiento mental más eficaz en general.

Pero existen otras variaciones genéticas investigadas que conducen a la alta sensibilidad. En China se descubrió una variación en siete genes de dopamina, muy vinculados con las personas altamente sensibles.

También me gustaría destacar nuevos estudios sobre epigenética que tratan de demostrar cómo los mismos genes van transformándose según el entorno.

No hay duda: la alta sensibilidad reside principalmente en los genes y también hay evidencias evolutivas al respecto, pues son más de cien las especies que registran este rasgo.

Otros muchos autores han dado fuerza a la alta sensibilidad en los últimos años. La doctora Jagiellowicz, por ejemplo, empleó imágenes de resonancia magnética funcional para hacer visible que las personas con el rasgo demuestran mayor actividad cerebral al intentar descubrir diferencias entre imágenes similares. No es solo la capacidad de captar gran información del entorno, sino de coleccionarla y combinarla de manera constante y útil a lo largo del tiempo.

Ú Doy fe de que las personas altamente sensibles tienen una poderosa memoria episódica y emocional, así como una capacidad de análisis e integración de la información muy potente. Eso, *a priori*, puede parecer una gran cualidad (y lo es en muchos sentidos), pero también es un arma de doble filo. Nada se olvida, todo permanece. Las heridas escuecen por mucho tiempo. Son muy vulnerables a los traumas, pues cualquier experiencia que provoca un daño emocional o sentimiento negativo perdura en el tiempo, marcando considerablemente las vivencias posteriores. Nada pasa de largo. Todo se queda. Por eso, un niño altamente sensible es muy vulnerable al trauma, a la afectación emocional.

En adición, una de las cosas más llamativas que se han encontrado en los experimentos e investigaciones es que hay una mayor activación de la ínsula, la región cerebral relacionada con la consciencia.

De este modo, las personas altamente sensibles tienen mayores niveles de introspección y de consciencia, no solo del entorno, sino de sus propios procesos mentales.

Por su parte, Michael Pluess demostró con su trabajo que los niños altamente sensibles con una infancia traumática tienden a la ansiedad y la depresión, mientras que los que son criados en hogares equilibrados son mucho menos propensos a estos males. Lo curioso de la investigación es que los niños altamente sensibles con infancias conflictivas responden infinitamente mejor a la terapia o a la autoayuda que otros niños que no tienen el rasgo. Puede que un niño con alta sensibilidad sufra más que otros, pero extraerá mayor beneficio de las intervenciones psicológicas y los autocuidados.

Pluess nos hablaba también de otro aspecto que detectó en sus estudios: las PAS mostraban mayor susceptibilidad diferencial, es decir, eran capaces de percibir emociones y sensaciones de manera más clara, exacta y sutil que el resto de personas. Esta capacidad para apreciar sutilezas se entiende por la manera tan profunda en que absorben la información, la procesan y elaboran. Esto, que sucede de manera no siempre consciente, los conduce a ser más intuitivos, a saber más sin darse cuenta de cómo lo saben. Sucede con el PAS adulto y sucede con el niño altamente sensible. Tu hijo, con total seguridad, es más intuitivo.

Esta cualidad la podemos detectar en diferentes manifestaciones:

- Es un niño perfeccionista, concienzudo a la hora de realizar tareas.

- Metacognición: es consciente de sus propios procesos mentales.

- Tiene una gran memoria semántica y episódica.

- Habilidades para detectar errores, ser preciso y detectar pequeñas sutilezas.

- Buena capacidad de concentración, sobre todo cuando está en el nivel óptimo de activación.

Las personas altamente sensibles tienden a sufrir más, son más vulnerables a la depresión y a la ansiedad. Por esto es tan importante el papel de la familia. En un entorno adecuado, florecerán. En uno inadecuado, aparecerán los sentimientos de incomprensión, soledad y falta de apoyo.

Es importante como padres ser capaces de respetar cada sentimiento de nuestro hijo, honrarlo y permitir que lo exprese.

Estarás leyendo esto y preocupándote muchísimo por los posibles traumas que pueda acumular tu pequeño. Y en parte es cierto que esa es una parte vulnerable de él. Pero el simple hecho de que estés leyendo estas palabras ya es mucho para él. Porque vas a ser consciente de su vulnerabilidad y harás cuanto puedas no para allanarle el camino, pues la vida está llena de vicisitudes, sino para prepararlo para afrontarlo.

LOS CUATRO PILARES DE LA ALTA SENSIBILIDAD

¿Cuál es la esencia de este rasgo? La clave se encuentra en cuatro pilares que definen esta personalidad:

1. **Procesamiento profundo de la información que se recibe. Reflexión intensa.**

   El niño altamente sensible tiene un nivel de procesamiento de la información muy elevado. Tiende a tener cierta tensión mental, pensar mucho las cosas antes de hacerlas y, frente al patrón de pensamiento de «pienso, actúo y, en función de los resultados, corrijo», lo que hace es pensar mucho y luego actuar.

2. **Gran empatía, una forma de vivir las emociones muy intensa y gran facilidad para percibir las emociones en los demás.**

El niño altamente sensible tiene una gran sensibilidad a la hora de experimentar las emociones propias, pero también de percibir las emociones ajenas: son niños muy empáticos. Esto se ha demostrado con pruebas de neuroimagen (TAC, PET...) que muestran la actividad cerebral. En ellas se evidencia que estos niños tienen muy estimuladas las áreas del cerebro donde se ubican las neuronas espejo, que son las que nos hacen percibir los estados emocionales de los otros.

Al mismo tiempo, cualquier estímulo del exterior es experimentado de una manera muy intensa, con lo cual todo les afecta más: cualquier pequeño suceso puede ser un drama, una reacción de los demás los vuelve vulnerables, un mal gesto les duele profundamente...

A la hora de expresar las emociones son muy reactivos: si lloran, lloran con mucha intensidad; si están alegres, están muy alegres, y, si se enfadan, puede ser una gran explosión.

Sé que no es fácil, pero se aprende con el tiempo, paciencia y comprensión.

3. **Desarrollo especial de los cinco sentidos, siendo capaz de percibir detalles sutiles.**

Hay otra característica que está relacionada con la

sutileza a la hora de recibir los estímulos sensoriales: olor, tacto, oído, vista, gusto... Tienen una fineza sensorial que, a su vez, hace que sean más fácilmente perturbables, porque todo lo que viene de fuera es percibido de forma muy intensa.

En un bebé veríamos esto si se despierta muy fácilmente, si se perturba al mínimo ruido..., y muchas veces atribuimos esto de forma equivocada a que es un niño quisquilloso o demasiado mimado, y no tiene nada que ver. Cuando pensamos que haciendo esto nuestro hijo nos manipula o quiere molestarnos, estamos muy equivocados. Pensemos que, si está a gusto durmiendo, lo que quiere y necesita es seguir durmiendo, no tiene ninguna necesidad de o interés en despertarse ante el mínimo ruido o 10 veces por la noche. Si lo hace, tal vez sea porque es muy sensible a los cambios.

Con relación al tacto, podemos observar, por ejemplo, aprensión por determinadas texturas, como pisar el césped descalzo, algunos tejidos o determinadas superficies.

4. **Facilidad de sobreestimulación debido a lo anterior. Se reciben muchos datos de manera muy vehemente, es algo abrumador.**

La cuarta característica sería la sobreexcitación. El niño altamente sensible percibe todo lo que ocurre y lo que siente de una manera tan intensa que puede resultar desbordante.

Por eso, a menudo, presenta un carácter más introvertido o necesita momentos de recogimiento. Se perturba emocionalmente con facilidad y necesita desconectar de un mundo que a veces resulta demasiado para él.

Esto está relacionado con su sensibilidad sensorial, y la forma en la que la procesa. El nivel de activación cerebral puede estar también sobreactivado.

Para realizar cualquier tarea necesitamos un nivel de activación de nuestro sistema nervioso adecuado. No importa que sea hablar por teléfono, escribir una carta o jugar al fútbol. Si estamos demasiado activados, nos sentiremos tensos y confusos, con un autocontrol muy pobre.

El nivel de activación óptimo es muy importante. Es ese estado de alerta suficiente para prestar atención en el que se aprende mejor. Ni demasiado estimulados ni pobremente estimulados.

Para encontrar este punto medio es muy importante conocer bien a nuestro hijo, observarlo, ser conscientes de qué estímulos o situaciones le alteran y, por otro lado, también identificar cuándo está demasiado apático o falto de estímulos. Procuraremos facilitar estabilidad, un entorno adecuado para favorecer ese nivel óptimo de estimulación.

En definitiva, tenemos un perfil de niño muy emocional, sensible, empático, creativo y con una capacidad para procesar la información y decidir basada en el análisis. Esto se debe a que es capaz de integrar la información sensorial con eventos del pasado a la hora de tomar decisiones. También suele presentar gusto por las artes y una gran creatividad, debido a esa sensibilidad especial y esa capacidad para expresarse a través del arte. De hecho, las buenas cualidades del niño altamente sensible lo convierten en el candidato perfecto para profesiones humanistas y creativas: escritor, artista, diplomático, maestro, sanitario…

Con frecuencia, debido a esa facilidad para preocuparse por cuestiones trascendentales, pueden aparecer preguntas o preocupaciones sobre temas existenciales que *a priori* no asociaríamos a niños pequeños, como podrían ser las guerras, el sentido de la vida o la maldad. Un niño altamente sensible representará, sobre todo, un gran reto intelectual. ¿No es maravilloso?

> **«Cuando uno está atento a todo, se vuelve sensible, y ser sensible es tener una percepción interna de la belleza, es tener el sentido de la belleza».**
>
> JIDDU KRISHNAMURTI

CAPÍTULO 2

¿ES MI HIJO ALTAMENTE SENSIBLE?

CARACTERÍSTICAS GENERALES

El niño altamente sensible se deja ver desde el nacimiento. Es un bebé fácilmente perturbable. La fineza sensorial será lo primero que habrás notado. Se despierta al mínimo ruido. Se altera si hay demasiada gente alrededor. Está muy apegado a ti, porque se siente inseguro en otros brazos. Por la noche, posiblemente se despierte y busque tu piel, porque tiene miedo. A menudo tendrás la sensación de que es demasiado delicado, o que se enfada con facilidad. Una de las características que más pronto se dejan ver en los NAS (niños altamente sensibles) es la irritabilidad, porque es la manera en que expresan su inquietud, su ansiedad o su incomodidad.

Es posible que juzgues a tu hijo como exigente, quisquilloso o mimado. Puede que no comprendas de dónde viene su incomodidad o qué le pasa exactamente en cada momento. Tiene mucho que ver con la manera en que percibe el mundo, con la fineza con que percibe los estímulos del exterior y con la fuerza con que experimenta sus emociones.

Identificar la alta sensibilidad en adultos es sencillo, reconocer los cuatro pilares puede ser evidente y, además, si queremos reconocerlos en nosotros mismos, es fácil realizar un proceso reflexivo y de autoconocimiento para ello. Pero ¿qué pasa cuando queremos reconocerlos en nuestro pequeño? ¿Cómo sé si mi bebé tiene el rasgo? ¿Cómo puedo estar seguro de que mi hijo es una persona altamente sensible si aún es muy pequeño y todavía está desarrollando su personalidad?

El paso del tiempo nos hará las cosas más fáciles y evidentes; sin embargo, hay diversos comportamientos, reacciones y características que nos permitirán ir intuyendo la posibilidad de que el niño sea altamente sensible. Puede que tu hijo no cumpla con toda la lista al completo, pero cumplirá varios de los requisitos y esto ya te irá dando pistas.

- «TIMIDEZ». Y lo entrecomillo a propósito, pues no es timidez como tal. Otros niños parecerán más entusiastas, sociables y espontáneos, mientras que tu hijo necesita un periodo de adaptación ante las situaciones, personas o entornos nuevos. Notarás que el niño mira todo con suma atención, reconoce, identifica, procesa y, cuando ha gestionado todo y sabe que su alrededor es seguro, se va integrando poco a poco. Se confunde muchas veces con timidez, pues parece que el pequeño prefiere entornos conocidos y tranquilos antes que atreverse a acudir al bullicioso y concurrido cumpleaños del vecino recién llegado. Es normal que el ajetreo le sature, no olvides que recibe la información del entorno con muchísima más precisión e intensidad. Se puede resumir así para que podamos entenderlo: cuantas más cosas y más estímulos alrededor, más estrés y saturación.

Las rabietas aparecen como expresión de este estrés. Muchos padres en consulta me describen cómo sus hijos se desbordan y pierden totalmente el control, gritando, llorando o llegando incluso a golpearse. Es la manera que tienen de externalizar su malestar. No importa cuál sea la emoción que provoca esta conducta: puede ser miedo, agotamiento, hiperestimulación o frustración. La cuestión es que experimentan esta emoción a un fuerte nivel que los conduce a estallar. El niño, aun poseedor de un cerebro inmaduro, no tiene muchos más recursos para expresarse.

• MADUREZ. El NAS (niño altamente sensible, para abreviar) suele sentirse a gusto con los adultos de confianza. También entra dentro de lo normal que tenga un amigo imaginario con el que hable largo y tendido. Esto es así porque es un niño curioso y maduro al que le gusta hablar, reflexionar y preguntar. Con los mayores se siente menos juzgado y tiene más cancha para dar rienda suelta a su sensibilidad e intelecto.

- INTROVERSIÓN/EXTROVERSIÓN. Por este motivo se entrecomilla la timidez a la hora de hablar de los NAS. Un pequeño altamente sensible puede ser extrovertido o introvertido, dependerá de su temperamento. El extrovertido disfrutará de ser el protagonista y llevará la mayor parte del tiempo la «voz cantante», un potencial líder. Por el contrario, el niño AS introvertido se agobiará cuando sea el centro de atención, necesitará más espacio y puede llegar a bloquearse ante la avalancha de palabras, elogios o miradas. Esto, en realidad, no es extraño, a muchos adultos les incomoda ser el centro de todas las miradas. Suele pasar que, cuando esto le sucede al más pequeño de la casa, hace algo de gracia o incluso se le quita importancia, pero hay que tener en cuenta que el niño altamente sensible procesa la realidad casi como un adulto y estas presiones pueden llegar a afectarle negativamente. Respetar sus necesidades y su personalidad es clave para su correcto desarrollo. Ponerse en su piel, una vez entendemos el rasgo y el temperamento, nos ayudará a hacerle la vida más fácil.

Mamá de Pablo, 2 años:

Me agobia enormemente cuando llego a un cumpleaños o una reunión familiar, la gente no respeta los ritmos de mi hijo: «Míralo, siempre pegado a tu falda», «No lo protejas tanto, tiene que acostumbrarse a nosotros» o «Deja que lo coja en brazos, llorar un poco no le hará daño».

Pablo es tímido. Necesita un rato para observar la situación, a la gente, e ir relajándose y cogiendo confianza. Pero, a menudo, las personas no respetan eso y creen que, por el hecho de ser un niño, pueden atosigarlo, cogerlo o forzarlo a estar con ellos. Cuando algún familiar se empeña y tira de él, con la mejor de las intenciones, se gira y me mira con sus ojos enormes, y sé que se siente asustado. Va con él, resignado, porque sabe que es lo que se espera que haga, pero no va a gusto.

Me gustaría que se tratara a los niños con el mismo respeto que a los adultos. A nadie se le ocurriría tirar de una persona, obligarla a dar besos o tocarla si no quiere.

- QUISQUILLOSO. La textura de la ropa, las etiquetas, el roce de los zapatos, la arena en las manos, la suciedad, un pequeño arañazo… Todo parece molestarle de manera extrema. El niño altamente sensible puede parecer «quejica». La realidad es que este rasgo, independientemente de la edad, puede acarrear consigo un umbral de dolor bajo. No es exageración, si el niño dice que le molesta algo, es que verdaderamente le molesta y puede llegar a hacerle daño. Llamarlo «quejica», criticarlo u obligarlo a soportar una situación que le incomoda no aportará nada ni lo hará más «resistente» o «fuerte».

  Los sabores, la comida, la temperatura y la textura de los alimentos también pueden presentar problemas para él: «La crema está demasiado caliente», «Tiene grumitos», «El zumo está muy ácido»... Perciben todos los sabores con gran intensidad y la hora de la comida puede convertirse en una lucha. Requiere paciencia y conocer bien sus gustos y «delicadezas» para no forzarlo a comer a disgusto.

Este aspecto puede suscitar en los padres cierta «desesperación». A menudo me trasladan su agotamiento porque el niño tiene múltiples manías, obsesiones o fijaciones con la ropa sobre todo, pero también con la comida. Son dos áreas que suelen provocar fricciones, discusiones y acabar en llanto. A menudo el niño altamente sensible es complicado a la hora de vestirse, puede quejarse mucho, rechazar determinadas prendas, y lo mismo con la comida. Si no entendemos el origen de estas pequeñas manías, su extrema sensibilidad sensorial, y las atribuimos a otra causa (capricho, terquedad o rigidez, por ejemplo), las manejaremos de manera inadecuada.

Con las manías y obsesiones se ha de encontrar el equilibrio entre no forzarlas y al mismo tiempo favorecer que se vaya flexibilizando y siendo más tolerante, ya que, de lo contrario, puede volverse excesivamente obsesivo o maniático hasta el punto de que pueda interferir en su vida. Más adelante abordaré este aspecto tan importante, facilitando pautas para manejarlo.

- SUSCEPTIBILIDAD. El NAS, como ya hemos dicho, recibe demasiada información del entorno.

Cualquier cambio o alteración en su rutina habitual, por pequeña que sea, la siente con intensidad e, incluso, cierto drama. ¿Por qué comemos más tarde? ¿Por qué vamos a este parque diferente al de todos los días? ¿Por qué no me bañan y ponen el pijama? ¿Por qué nos vestimos para salir a estas horas? Demasiadas preguntas, demasiadas cosas que asimilar.

- CINCO SENTIDOS MUY DESARROLLADOS. Un oído muy fino, una gran nariz para los aromas, hasta los más delicados o casi imperceptibles, ojo avizor, sensibilidad al tacto. Este niño se percata de todo, parece siempre alerta y nada escapa a su atención.

- Y UN SEXTO SENTIDO «EMOCIONAL». El pequeño altamente sensible percibe las emociones de quienes lo rodean, de ahí que la saturación o sobreestimulación sea tan sencilla y rápida. La tensión, el enfado, la preocupación o incomodidad. Nada de esto le pasa desapercibido, es un ser empático que conecta y se contagia de las emociones del resto. Siempre tratará de ayudarnos y entender nuestro estado. Su sensibilidad hacia otras personas y animales es excepcional y admirable.

Esta es una cualidad extraordinaria. Un regalo. El NAS tiene la capacidad de ser empático a dos niveles: cognitivo (entiende las emociones de los demás) y emocional (siente lo que el otro está sintiendo). Por lo tanto, de manera intuitiva, rápida, visceral, sabe perfectamente cómo se está sintiendo el otro. Una mirada, un gesto o el tono de voz lo avisarán de cómo se encuentra la otra persona. Es también muy compasivo: la capacidad de cuidar al otro emerge de manera natural, es un movimiento que no necesita aprender. Por eso no es para nada sorprendente que el niño altamente sensible se preocupe por nosotros, nos escriba una notita si nota que hemos tenido un mal, nos deje un dibujo escondido debajo de la almohada pidiéndonos perdón por su última rabieta o, simplemente, se arrebuje junto a nosotros para consolarnos.

- PERFECCIONISMO. Esto no tiene por qué ser algo negativo, aunque, si no sabe gestionarse, puede llevar al estrés y a una continua insatisfacción. El niño altamente sensible es muy perfeccionista, hace todo con suma entrega y puede darle mil vueltas a algo antes de considerarlo acabado. El perfeccionismo y la autoexigencia son armas de doble filo: pueden ayudarnos a progresar y conseguir nuestros objetivos, pero también pueden minar nuestra autoestima (pues nada de lo que hagamos será suficiente) y provocarnos inseguridad y malestar.

- COMPROMISO Y PERSEVERANCIA. Son dos cualidades derivadas de su autoexigencia y perfeccionismo. No es raro verlos entregados a las actividades que les gustan o a sus obligaciones.

- BLOQUEO. Siempre alerta, siempre gestionando datos y analizando. Siempre experimentando las emociones con mucha intensidad, lo cual puede resultar realmente abrumador y llegar a saturar y bloquear al niño. Esto afectará a su concentración, le costará dormir, no podrá asimilar más información. Estará, en conclusión, completamente saturado y hasta un ligero beso o una sencilla orden terminará por hacerle explotar. Ya no entra nada más en esa cabecita repleta de nuevas emociones, situaciones, personas y realidades. Colapso mental y emocional. Habrá que estar atentos a sus límites para sacar lo mejor de él, pues un niño sobrepasado puede desembocar en un niño que no rinde o un niño incapaz de concentrarse.

Ú Como niña altamente sensible tuve que lidiar con mi inestabilidad emocional desde pequeña. Podía estar estable durante un periodo de tiempo, pero invariablemente, con cierta frecuencia, me iba llenando y llenando de emociones hasta sentirme desbordada. En esos momentos, aparecía esa ligera volubilidad anímica que siempre me acompaña. Y tenía que esconderme: encerrarme en la habitación, irme al campo o dar un largo paseo. Necesitaba la soledad.

Solía embriagarme un gran sentimiento de hartazgo, de cansancio. Me sentía agotada emocionalmente y cansada de ser «yo». Sentía que ser así era difícil. Que sentir tanto era difícil, y que me provocaba mucho sufrimiento.

Encontré maneras de drenar la ansiedad y la desazón que me provocaba la hipersensibilidad: encontrar momentos de soledad era fundamental. El contacto con la naturaleza también. El silencio.

Recuerdo un día, tendría siete u ocho años, en que me embriagó esta sensación de tristeza y cansancio emocional y salí a caminar. Fui a las afueras del pueblo, a un parque, y empezó a llover fuerte. Debía ser primavera, porque llevaba ropa ligera que se empapó al instante. Me refugié debajo de un banco, tumbada, no encontré un lugar mejor. El parque estaba vacío y me quedé allí largo rato, mojándome, viendo la lluvia caer, escuchando el repiqueteo de las gotas de agua golpeando la madera y oliendo a tierra mojada. Me sentí inmensamente feliz, en calma, sosegada. Pocas veces tengo el privilegio de sentir esa paz mental, tan anhelada: es lo más parecido a la felicidad.

- CREATIVIDAD Y ARTE. Como consecuencia de su empatía y sensibilidad, el NAS no solo tiene grandes capacidades creativas y artísticas, sino necesidad de ellas. La forma delicada, sutil, llena de matices e intensidad en que observa el mundo lo convierte en alguien creativo, imaginativo e ingenioso que, además, necesita empaparse continuamente de un entorno que favorezca esta característica. En cierto modo, todo está relacionado. La hiperestimulación, la necesidad de pausa y soledad, el amor por la naturaleza, la sensibilidad. A veces suman en negativo, a veces todo se entremezcla y es capaz de generar obras de arte. De eso se trata el arte, a fin de cuentas, ¿verdad?

  Tu hijo se fija con detenimiento en todo, lo analiza e, interiormente, le da mil vueltas, encuentra mil variantes y posibilidades. Se fascina con los árboles, los animales, una pintura. Deja que esto fluya, favorece su creatividad y sin necesidad de permanecer en constante aprendizaje artístico. Deja que juegue al aire libre, que cree e improvise, anímalo a tomar clases de dibujo, de teatro o música. Comparte con él tus gustos, visita museos o jardines, comenta, intercambia fascinaciones por las cosas más sencillas. Una persona creativa tendrá confianza en sí misma, fineza de percepción, imaginación, capacidad intuitiva, curiosidad intelectual y entusiasmo, además de un pensamiento crítico que le permitirá pensar de forma original y rompedora. ¿Se te ocurre algo mejor?

- TIEMPO A SOLAS. El niño altamente sensible, como ya se ha mencionado, necesita parar. Todo a su alrededor es una explosión sensorial que satura su mente. Un momento a solas, de quietud y calma, se hace imprescindible para mantener el equilibrio y la estabilidad emocional. Esto no implica problemas sociales o de adaptación, hay que entender que no todos nos relacionamos de la misma manera ni a todo el mundo le gusta estar rodeado de gente las 24 horas del día. No es que el NAS carezca de habilidades sociales o sea un ermitaño, nada que ver. Simplemente necesitará a lo largo del día momentos de tranquilidad que compensen el bullicio del resto del tiempo. Esto le permite poner en orden sus emociones, sentimientos, aprendizajes y estímulos recibidos. Para él todo es muy intenso, y esta pequeña parcela de espacio y relajación le permite manejarlo de forma saludable.

Pese a todo, conocer a un niño con exactitud no es sencillo. Cada niño es un mundo, cada personalidad y temperamento tiene sus propios matices y habrá que estar atento a todos ellos.

Ú Cuando eres un niño altamente sensible, el mundo puede resultar verdaderamente abrumador. Si tienes la suerte de crecer en un entorno saludable, en una familia estable y que se hace cargo de las emociones, puede resultar más llevadero. Aun así, sufres mucho. Porque eres muy sensible a todo lo que sucede a tu alrededor, y tus emociones dependen en exceso de las de los demás. Tu bienestar emocional, tu equilibrio, a menudo se sostiene en la cuerda floja. Si al llegar del colegio ves que tu madre no te recibe con la sonrisa habitual, o percibes que su mirada no se posa en ti de la misma forma que siempre, sabes que algo no anda bien. Lees sus emociones, no necesitas que te diga nada. Y te contagias de ellas. Asociamos la empatía habitualmente a algo bueno, a una cualidad maravillosa que te permite entender lo que el otro siente. Sin embargo, es también un arma de doble filo. Porque te contagias de esas emociones con una facilidad pasmosa. Aunque no quieras, aunque intentes protegerte. Así, la mirada evasiva de tu madre te desconcierta. Y tú solo tienes siete años. Pero la alegría con la que entrabas a casa se desvanece rápido, y aparecen la preocupación, la inquietud y el desasosiego. Porque sabes que a tu madre le pasa algo, pero no sabes qué.

Ahora viene la pregunta del millón: ¿entonces es un problema ser altamente sensible o no?

La respuesta es clara y contundente: en absoluto. De hecho, si tu hijo es NAS, deberías sentirte orgulloso y feliz por la persona que tienes en casa y que está destinada a grandes cosas. En esta sociedad nos hemos acostumbrado a ver la sensibilidad como un defecto o una debilidad. En los tiempos que corren, sin embargo, es lo que más nos hace falta. ¿Cómo puede ser negativo que existan personas concienzudas, empáticas, que se percaten de los detalles y que piensen y sientan con gran verdad y profundidad?

Sin embargo, es cierto que la sensibilidad a menudo conlleva sufrimiento. Por eso es tan importante encauzar todas esas emociones para que no se vuelvan algo desbordante o destructivo.

No pretendo engañarte, la crianza de tu pequeño altamente sensible no será sencilla, deberás esmerarte, ser paciente, comprensivo, ayudarlo a valorarse a sí mismo, a expresarse en un mundo donde su sensibilidad puede ser juzgada, a comunicarse y desarrollar sin miedo su propia forma de ser y ver la vida. La recompensa será inmensa, este mundo necesita personas como tu hijo.

**«Tienes una vida entera para todo lo demás,
pero solo unos años para la crianza».**

ÚRSULA PERONA

Para ayudarte a despejar parte de las numerosas incógnitas e interrogantes que plagan ahora mismo tu mente, te propongo hacer el siguiente test que te permitirá saber en qué medida tu pequeño puede haber heredado el rasgo de la alta sensibilidad[1].

¿ES TU HIJO ALTAMENTE SENSIBLE?

Se sobresalta con facilidad	Verdadero	Falso
Se queja de la ropa (está áspera, pica, hay una etiqueta que le roza, etc.)	Verdadero	Falso
No le agradan las sorpresas	Verdadero	Falso
Aprende mejor a través de los correctivos suaves que mediante un castigo fuerte	Verdadero	Falso
Parece que te lee la mente	Verdadero	Falso
Emplea palabras que no se corresponden a su edad	Verdadero	Falso
Tiene un gran sentido olfativo	Verdadero	Falso
Tiene un ingenioso sentido del humor	Verdadero	Falso
Parece muy intuitivo	Verdadero	Falso
Tras un día excitante, le cuesta dormir	Verdadero	Falso

---

1   Test extraído del libro *El don de la sensibilidad en la infancia* de la autora Elaine N. Aron. 1.ª edición, marzo de 2017.

No lleva bien los grandes cambios	Verdadero	Falso
Hace muchas preguntas. Le incomoda la ropa si está húmeda, con arena o manchada, y quiere cambiarla rápidamente	Verdadero	Falso
Es perfeccionista	Verdadero	Falso
Se percata de la angustia de los demás	Verdadero	Falso
Prefiere el juego tranquilo	Verdadero	Falso
Hace preguntas de gran profundidad	Verdadero	Falso
Es sensible al dolor	Verdadero	Falso
No le gustan los lugares ruidosos	Verdadero	Falso
Se percata de las cosas más sutiles	Verdadero	Falso
Presta atención a la seguridad, no es temerario	Verdadero	Falso
Se desenvuelve mejor si no hay extraños presentes	Verdadero	Falso
Siente todo con gran intensidad	Verdadero	Falso

Si la respuesta ha sido «Verdadero» en trece o más cuestiones, con gran probabilidad tu hijo es altamente sensible.

Ahora bien, como dijo la propia creadora del test, ningún interrogatorio de este tipo es lo suficientemente preciso como para determinar el trato que se debe dar a un hijo.

Solo con que dos de las preguntas se hayan respondido afirmativamente y sean «extremadamente verdaderas» para el caso de tu hijo, daría suficiente pie a pensar que se trata de un niño altamente sensible.

Este test psicológico sirve de orientación o guía para ayudar al padre o madre a tener en cuenta ciertos comportamientos o reacciones concretas de su pequeño.

CAPÍTULO 3

LAS NECESIDADES DEL NIÑO ALTAMENTE SENSIBLE

Lo que voy a decir es la base para la educación de cualquier niño; sin embargo, se vuelve especialmente relevante cuando nos referimos a la alta sensibilidad.

Y es que la tarea del educador es criar desde el respeto, el apego y el amor incondicional. El objetivo es que el pequeño se sienta seguro (el cariño infinito no es incompatible con el establecimiento de normas y límites) y se convierta en un adulto emocionalmente estable. Requiere comprensión, empatía (muchísima empatía) y equilibrio por parte de quienes lo educan. No hay que perder de vista que ser altamente sensible es un talento en sí mismo cuyas características harán florecer otras tantas virtudes destinadas a destacar y convertir al niño en alguien sobresaliente.

Tu tarea como padre o madre es crear un entorno lleno de amor y seguridad para que esta pequeña joya de la naturaleza brille con todo su esplendor.

Antes que nada, es importante destacar que comprender las necesidades de tu hijo te resultará más o menos sencillo dependiendo de si tú mismo eres una persona altamente sensible o no. Por lo general, hablamos de un rasgo genético y hereditario, siendo normal que uno de los padres (o los dos) comparta la misma personalidad con el niño. O puede que lo seas y nunca te lo hayas planteado. El primer paso de este camino es reconocer quién de los progenitores es altamente sensible, verse reflejado en las características y temperamento, echar una vista al pasado y revivir situaciones que nos marcaron, cómo fueron y por qué nos hicieron sentir de esa manera. Puede que encuentres una respuesta que te dé la llave para entender mejor a tu hijo y otorgarle la confianza y el apoyo que, quizá, tú no tuviste en su día.

Este trabajo previo facilitará encauzar la crianza de tu hijo, acordar con tu pareja o resto de educadores la forma respetuosa de criar al pequeño y no repetir errores que tal vez marcaron tu infancia, porque antes se desconocía que la sensibilidad era un rasgo cargado de significado e importancia que, sin embargo, solía cubrirse y endurecerse a toda costa.

Ú Hay una imagen que viene a mi memoria. Tengo cinco o seis años. Mi madre está sentada en el suelo del pasillo, llorando. Acaba de discutir con mi padre. Yo siento su miedo, su pena, su dolor y me contagio de ellos. La luz está apagada, es la última hora de la tarde y estamos en penumbra. Ella sigue sentada en el suelo, llorando. Yo la abrazo, pero ella no me siente, no me percibe. Está en su mundo. Yo sé que está sufriendo y siento que debo hacer algo, pero no sé qué. Estoy asustada, estoy triste y quiero cuidar de ella. No sé qué ha pasado, pero no me hace falta. Sé exactamente cómo se siente, porque me siento igual que ella.

Mi infancia estuvo plagada de esos momentos: desbordantes, intensos, tristes. Momentos en los que sentía lo que siente el otro de una manera perturbadora. Ahora que soy psicóloga es algo muy útil con mis pacientes. No necesito demasiada información. A veces, con ver la expresión de su cara, su ávida mirada o el tono de su voz, me llega el torrente de emociones que envuelven a mi paciente. Algunos lo llaman «empatía» o «intuición». No sé cómo denominarlo, creo que es algo que va mucho más allá de la empatía. Es un contagio emocional.

Ya hemos visto una lista general de las características principales del niño altamente sensible. Para acercarnos un poco más a lo que necesita en sus rutinas, volveremos a examinar sus «talones de Aquiles», esos puntos clave en su forma de percibir la vida para ahondar en su personalidad y en la profundidad de su maravillosa mente.

Para empezar, y aun a riesgo de sonar en algún momento repetitiva, decirte, querido padre o madre de un niño altamente sensible, que este rasgo es un don. Como cualquier don o gran poder, no será fácil de llevar o gestionar, hay que esmerarse por pulir ese pequeño diamante que tenemos en casa. Cuando aprendamos a entenderlo y facilitarle su vida diaria respetando sus características propias, veremos florecer un gran ser humano que, sin duda alguna, hará que este mundo sea un poco mejor, más humano y empático.

Como padre, pensarás que la crianza de tu hijo va a ser una tarea compleja, y en parte será así. Tu hijo a lo largo de su crecimiento y debido a su elevada sensibilidad, irá afrontando conflictos y problemas que pueden desestabilizarlo. Acompañarlo en este proceso y estar ojo avizor a las señales o «bloqueos» más recurrentes será esencial para favorecer un desarrollo saludable.

Y sobre todo, hacerle sentir que está bien ser así, sentir así. Que lo amamos incondicionalmente y que no tiene nada de lo que avergonzarse.

A) RABIETAS. AGOBIO Y ESTRÉS

Las rabietas pueden ser comunes y no dejan de ser un síntoma de la sobreestimulación o la profundidad con la que sienten. Suelen ser repentinas, como una bomba de relojería que te pilla por sorpresa. Una explosión inesperada que genera caos y descontrol. Probablemente, como padre, habrás usado la expresión «Se le ha cruzado el cable». Y aunque puede parecer algo peyorativo, es bastante acertado. Su cerebro no soporta más saturación, más información o emociones que no es capaz de gestionar. Su raciocinio colapsa y su comportamiento escapa a su propio control.

Su afán de perfeccionismo y de querer hacer las cosas bien puede generar frustración cuando no consigue lo que quiere a la primera. Y, por ende, aparece otra rabieta.

Es muy importante no estigmatizar este comportamiento, el niño necesita soltar esa presión acumulada y una respuesta agresiva o de reprimenda no le será de utilidad. Primero, necesitará un poco de espacio para calmarse; después, consuelo y amor; luego, una conversación pausada donde demos explicación a la realidad de sus emociones. Ellos mismos se asustan ante su pérdida de control y sus fuertes sentimientos, castigarlos por ello no traerá consecuencias positivas. La paciencia y el amor siempre serán la clave.

Como adulto, sabes perfectamente lo que es el estrés, la tensión, el malestar, el enfado interno... Hay que aceptar que los niños también padecen estrés y sus sentimientos al respecto no difieren de los nuestros, así que debería ser relativamente sencillo entender por lo que están pasando. La única diferencia es que él es un niño que no comprende bien lo que le sucede, lo que empeora todavía más su reacción. Sé que este mundo exige demasiado, mete prisas, pide resultados rápidos, hay mucho ruido, mucha competitividad. Pero como educadores debemos, de tanto en tanto, pausar esto tanto para nosotros como para nuestro hijo. Se trata de un niño que necesitará retirarse y desconectar de vez en cuando. Cuando sea más mayor, lo hará él solo. Quizá se siente a leer en su cuarto, juegue solo un rato con su juguete favorito o vea la tele unos minutos tumbado en el sofá. Necesita un tiempo para sí mismo, para gestionar todo ese batiburrillo de emociones que le embargan. Bajar el ritmo, respirar hondo. Cuando no pueda hacerlo él mismo, ayudarlo será tu cometido, creando un entorno agradable y de ritmo suave donde cargue las pilas. ¿Qué necesitarías o te apetecería a ti después de un duro día en el trabajo? Pues traslada ese pensamiento al nivel de tu hijo y ofrécele el rato de calma que necesita para continuar el día.

> **«Cuando tu hijo esté enfadado,
> pregúntale por qué está triste».**
>
> ÚRSULA PERONA

Y a colación de todo esto, es muy importante recordar lo que a mí me gusta llamar «los cuatro jinetes de la mala conducta». Sé que resulta dramático, pero es la mejor forma de definirlos. Son clave en el comportamiento y las reacciones de cualquier niño, pero en las de un NAS, resulta imprescindible comprenderlas e identificarlas.

1. EL SUEÑO Y EL CANSANCIO

¿Acaso hay algo peor que un niño cansado? Un pequeño que no ha descansado lo suficiente, que no ha hecho su siesta o que ha pasado mala noche, tiene muchas posibilidades de mostrarse irritable, quejicoso, y montar rabietas por todo. Aunque esto no requiere demasiada explicación, a muchos adultos también nos pasa. Cualquier carácter cambia según si ha dormido bien o no.

Para tu hijo, si es menor de cinco años, las siestas aún son claves en su desarrollo y correcto crecimiento. Durante la siesta el niño se recupera físicamente, pero también este período de descanso durante el día es imprescindible para la memoria y la atención.

Si tu hijo altamente sensible está excesivamente cansado, ¿cómo esperar que no explote y las rabietas y saturaciones se vayan sucediendo?

Como padre, debes cuidar su descanso. ¿Cómo?

- Favoreciendo y respetando los ritmos de descanso del niño.

- No cayendo en falsos mitos de que quitarle la siesta es un gran truco para que duerma mejor por la noche (completamente falso).

- Si el niño está muy cansado, ser flexibles con las exigencias de ese día.

- Favorecer varios períodos de descanso durante el día (no hace falta que sean siestas, pero sí actividades tranquilas y relajantes).

- No «cansarlo» para que luego esté más tranquilo. El niño no funciona como una batería de móvil.

- Si tiene problemas de sueño significativos (muchos despertares, pesadillas o terrores nocturnos) y crees que no tiene un sueño reparador, puedes consultar con un especialista o psicólogo infantil para ver qué puede estar pasando.

Ya lo sabes, tu NAS es muy sensible al entorno, a la continua y desmedida recepción de información. Si tiene que soportar esto cansado, con el cuerpo y la mente atolondrados, el cóctel explosivo está servido. Si notas que las crisis y rabietas se suceden sin aparente razón alguna y se os va de las manos, quizá deberías prestar atención a la posibilidad de que este jinete de la mala conducta le esté afectando.

Lali, mamá de Lucas, 3 años

Desde que nació, dormir no ha sido el fuerte de mi hijo. Un verdadero drama. Con tiempo, paciencia y ayuda, ahora que tiene dos años podemos decir que las noches son tranquilas. Aun así, que no se despierte quince veces en ocho horas no significa que su sueño sea reparador. Es un niño que se mueve mucho; tiene un sueño ligero, muchos sueños o pesadillas, y lo despierta el sonido de una mosca. Al amanecer, obviamente se le nota cansado y con un humor de perros. Suele madrugar, así que la siesta de la mañana, antes de comer (aunque muchos me dicen que por su edad debería retirarla o cambiarla y que no es normal que duerma a las once de la mañana), es lo que necesita para seguir funcionando. Y yo me adapto. Porque le viene bien, le gusta, le cunde y lo mantiene el resto de la tarde feliz. Él mismo marca sus ritmos y necesidades, aunque no sea capaz de pedirlo. Hasta que no echa esa siesta de mañana, hay que tratarlo con mucha delicadeza y mantener un entorno calmado, porque cualquier cosa le satura con mucha facilidad.

Mientras está cansado, respeto su energía y estado de ánimo. Cuando se recupera, seguimos el día con mucha normalidad. ¿Cuál es el problema? Es mejor *guiarse por el instinto y lo que pide el niño que por lo que los demás dicen que es «normal». De todas formas, ¿qué es normal hoy en día?*

2. HAMBRE

El hambre afecta negativamente a su nivel de energía, a su capacidad atencional y de concentración, así como a su estado emocional. Asimismo, una mala nutrición (ausencia de frutas y verduras, exceso de carbohidratos y azúcares, alto contenido en grasas saturadas…) también resulta nociva para el cuerpo y provoca picos de insulina. Y esto juega un papel clave en el NAS, las emociones, el descontrol.

Esto tampoco requiere detalladas justificaciones, todos sabemos de sobra que una alimentación pobre (o el simple hecho de tener hambre) cambia el humor, puede provocar debilidad, mareo, ansiedad. Si esto sucede por sí solo, siendo alguien altamente sensible, todo se incrementa.

¿Cómo prevengo entonces que algunas de las rabietas o crisis de mi hijo se deban a esto?

- Realizando las comidas principales del día y añadiendo dos o tres refrigerios saludables entre las comidas. Lo más importante no es la cantidad, sino la calidad y la frecuencia.
- Proporcionando una alimentación saludable diariamente. El crecimiento del niño requiere una dieta

variada rica en proteínas, grasas saludables, verduras, frutas, hierro. Si tienes alguna duda, el pediatra estará encantado de ayudarte a escoger los menús más recomendados.

– Llevando siempre a mano un tentempié saludable: galletitas saladas, biscotes o algún zumo natural. El hambre puede atacar en cualquier momento y lugar, y hay que estar preparado.

– Tratando de respetar los horarios de alimentación, aunque estemos fuera de casa. No hace falta ser rígidos y llevar un horario estricto, pero sí mantener la rutina. Recuerda que el NAS es muy sensible a los cambios repentinos, también en este aspecto.

3. HIPERESTIMULACIÓN

Es mi jinete favorito en general, pero en especial con respecto al niño altamente sensible. Tiene el éxito asegurado. Ya hemos hablado de ello: saturación, exceso de estímulos e información. Colapso mental, en definitiva.

Con un exceso de estímulos sonoros, visuales y auditivos, sabemos que el NAS se desborda y se pone nervioso. ¿Conclusión? Una crisis, una rabieta, un llanto desmedido.

¿Cómo logramos evitar esto?

– Lo primero, saber y aceptar que tu hijo es altamente sensible. Según su edad, habrá situaciones que no sean aptas para él. Si quieres evitar el cortocircuito, medita antes si el lugar al que quieres llevarlo o si la tesitura en la que puede verse serán tolerables para él y sus emociones.

- Planifica las visitas, paseos, compras y actividades. No concentres todo de golpe, no lo tengas encerrado tres horas en un centro comercial, no lo andes llevando de aquí para allá en el coche a visitar a media familia. Eso termina mal el 99,9 % de las veces.

- Organiza el día de forma que puedas proporcionarle algo de tiempo y espacio para él, para la calma, el silencio y la relajación, para resetear esa cabecita llena de novedosa información.

- Si ya conoces el talón de Aquiles de tu hijo altamente sensible, trata de adelantarte a la crisis. No puedes detener tu vida, tienes que ver a la familia, los amigos, salir a diferentes sitios que para él pueden ser excesivamente estimulantes. No pasa nada, pero ve prestando atención a sus reacciones, al momento en que llega a su límite. Trata de ofrecerle compañía, tranquilidad y mantener un nivel aceptable para él. Cuando esté al borde de su aguante, apártalo o busca el modo de que encuentre algo de calma en una zona más tranquila. Quizá necesite salir un rato de la bulliciosa fiesta de cumpleaños. Tal vez un paseo por un parque abierto, solo con mamá, sin tanto ruido, le siente bien. Tal vez sentarse en un banco o incluso en el coche a leer un cuento estabilice sus emociones. Conócelo. Respeta sus límites. Todos los tenemos.

Cuando entiendes el rasgo de tu hijo y lo abrazas, todo es mucho más sencillo, los comentarios de los demás dejan de tener la más mínima repercusión. Mi hijo no lleva bien las reuniones familiares bulliciosas. Siempre llega el momento en que estalla y tengo que retirarme con él a una habitación aparte, en silencio, a leer, hablar o descansar los dos solos. Al cabo de un rato está como nuevo. En cuanto a los planes de fin de semana, la diferencia entre ir a una calle concurrida o a un centro comercial y salir al parque o a la montaña es abismal. De los primeros suelo sacarlo llorando y en brazos, porque ya cualquier cosa lo hace explotar todavía más. En el campo está siempre feliz, animado, activo, divertido, curioso y relajado. Solemos alternar de vez en cuando, obviamente no siempre podemos estar de paseo por la montaña. Pero saber lo que le sienta mejor y peor me permite actuar en consecuencia.

4. ABURRIMIENTO

Y es que, claro, como suele decirse, «lo cortés no quita lo valiente». Una cosa es que el NAS sea muy susceptible a los estímulos, y otra, que no se vaya a aburrir si no le ofrecemos ninguno. No deja de ser un niño, a fin de cuentas. Necesita que le hagan caso, necesita estar al aire libre, necesita jugar y aprender.

Un niño aburrido siempre genera problemas, estará más tenso, más caprichoso o quejicoso. Seamos claros, a nadie nos gusta estar aburridos.

¿Cómo atajar el aburrimiento?

- Lo mejor es ofrecerle tareas que le gusten, así como hacerlo partícipe de nuestras actividades. El niño altamente sensible tendrá muy claras sus preferencias (y ya hemos dicho que son muy buenos en el campo de las artes); además, debido a su empatía y sensibilidad, estará encantado de colaborar y aprender de lo que tú hagas.

- Usar juguetes creativos, añadiendo con frecuencia algunos nuevos. Esta es una sugerencia que me ha servido personalmente mucho: coge todos sus juguetes y repártelos en tres cajas. Una la dejas fuera y las otras dos las guardas en el trastero. Cada semana vas alternando la caja que tiene fuera, así le parecen novedosos los juguetes y no jugará siempre con lo mismo (esto funciona mejor con niños más pequeños).

- Tener preparada una caja de manualidades. Nada les gusta más a los niños que crear cosas. Cola blanca, unos folios de cartulina, algodón, macarrones o cualquier cosa que se te ocurra. En momentos de aburrimiento, saca la caja de manualidades y permíteles crear algo. Te sugiero que les des un «para qué», pues eso los suele motivar: un dibujo para el Día del Padre, que está próximo; algo para los abuelitos, a los que visitaremos el domingo...

– Sacarlo mucho al aire libre. No importa si llueve o hace frío. Lo abrigas bien y lo sacas un rato al parque. Los niños necesitan el aire libre, los NAS, para más inri, lo necesitarán para despejarse, sentirse más relajados y disfrutar del espacio abierto, pues, en ocasiones, pueden sentirse saturados o ansiosos si pasan demasiado tiempo entre cuatro paredes.

Rebeca, mamá de Ruth, 6 años

A veces siento que mi hija se agobia en casa. Por momentos nada le sirve, todo le provoca estrés o saturación. Los juguetes ruidosos y llamativos no le resultan atractivos. Parece aburrirse con todo. Sin embargo, en cuanto salimos a la calle, no necesita nada más. Solo pasear, coger flores, dibujar en la arena y contemplar los animales es todo cuanto necesita. Y es maravilloso verla disfrutar así. Además, le encanta ayudarme. Para nosotras, la mejor forma de paliar el aburrimiento es hacer las cosas juntas. Le pido que me ayude a tender la ropa y va tan entusiasmada a coger las pinzas (aunque aún no sabe usarlas correctamente); le fascina cocinar y dar vueltas a la olla, y le gusta mucho colocar la compra en los respectivos cajones. Cuando siente que colabora conmigo, el aburrimiento se esfuma.

A veces pensamos que lo mejor es que los niños se distraigan con otra cosa mientras nosotros hacemos tareas. Pero, en realidad, en muchas ocasiones lo mejor es dejarlos formar parte de las rutinas cotidianas. Y eso puede ser lo que más entretenido les resulte.

B) DEMANDA DE EMPATÍA

La alta sensibilidad implica necesidad de empatía. Tal vez este mundo no esté específicamente diseñado para las personas que sienten con profundidad y concienzudo análisis, tal vez las emociones estén ligeramente censuradas. Tu hijo no necesita que lo tilden de llorón, quejica o exagerado. No necesita que se le genere una inseguridad que repercuta en una baja autoestima futura. Necesita amor y hacerle saber que sus emociones no tienen por qué ser menospreciadas. En realidad, lo necesita él y lo necesitamos todos.

Tu hijo vive con más intensidad que el resto. Siente con más intensidad. Reflexiona con más ahínco. Se exige más a sí mismo. Conecta y se contagia de las emociones ajenas. Se satura con más facilidad. ¿Es todo esto malo? En absoluto. Se soluciona con algo muy simple: la empatía. Lo único que verdaderamente necesita tu hijo altamente sensible es que respetes quién es, le demuestres amor incondicional y apoyes su personalidad y las manifestaciones derivadas de esta. Nada más.

A veces no hay que romperse tanto la cabeza, con quererlos y aceptarlos tal cual son, es más que suficiente.

ALGUNOS MENSAJES QUE AYUDARÁN A TU HIJO A SENTIRSE COMPRENDIDO Y VALIDADO

- «Está bien sentirse así».
- «Comprendo cómo te sientes».
- «¿Qué necesitas de mí?»
- «¿Cómo puedo ayudarte?»
- «Puedes sentirte así».
- «Estoy a tu lado».
- «Me gusta cómo eres».
- «Estoy orgulloso de que seas así».
- «Me gusta que seas una persona sensible».
- «Respeto que te sientas así».
- «Ser sensible es algo bueno».

**«Tu amor incondicional es el cimiento
de su estructura emocional».**

ÚRSULA PERONA

C) MIEDOS

La mayoría de los niños altamente sensibles tienen un carácter introvertido. ¿Qué significa esto? Que tardarán mucho más en adaptarse a los cambios. Ya no es solo el estrés o la saturación derivada de la inmensa cantidad de estímulos nuevos que deben gestionar, sino que puede desembocar en un miedo real para ellos que los hace sufrir y pasarlo verdaderamente mal. Un consejo, aunque como padre ya lo habrás ido viendo: forzar nunca sirve de nada, al contrario, acrecentamos su miedo. Un niño altamente sensible necesita reconocer el entorno, un entorno que no sea bullicioso, que sea seguro y en el que se sienta a salvo. Un cambio de casa, acudir a la guardería o al cole por primera vez, visitar a familiares o amigos, ir a clases extraescolares... Todo novedoso y lleno de cosas desconocidas que procesar.

También, por percibir todo con mayor intensidad, pueden ser más propensos a tener ciertos temores: a la oscuridad, a determinados ruidos, etc. No hay que verlo como miedos injustificados y crearle la sensación de cobardía, esto no aporta nada al pequeño. Más adelante, hablar con él, hacerle entender que tener miedo es normal pero que no debe sentirlo y por qué será la forma más adecuada de enfocarlo. Tu hijo altamente sensible es muy listo y reflexivo, explicarle las cosas y dejar que las asimile, entienda y aplique será siempre la mejor fórmula.

Y es que no es moco de pavo, el niño altamente sensible es propenso a la ansiedad, y la ansiedad llega a afectar la salud. Todos nos hemos sentido ansiosos en algún momento, se trata de una emoción que nos prepara para actuar en situaciones de amenaza donde nuestro cuerpo se pone en alerta. Es completamente normal, y tu hijo puede padecer ansiedad al tener miedo a los monstruos, por ejemplo, o frente a la preocupación por suspender un examen. Con el tiempo, la mayoría de los niños aprenden a saber que sus miedos no son racionales y a gestionar sus preocupaciones. Pero no siempre es tan fácil, y menos para el NAS, que tiene entre manos tanto tantísimo que gestionar.

Una ansiedad elevada produce reacciones físicas que pueden desencadenar incluso un mareo o síncope. No es para menos: respiración acelerada, ritmo cardíaco elevado, tensión muscular y, además, la estrella de la alta sensibilidad, sobrecarga mental.

La manera tan intensa en la que el NAS percibe el mundo puede generarle diversos miedos y grandes niveles de ansiedad, y es algo a valorar, pues, como he explicado, puede convertirse en un problema. Estar atentos a las señales de saturación y consultar con el especialista cuando los episodios de ansiedad se descontrolan o escapan a nuestra comprensión ayudarán a manejar esta realidad. Por supuesto, respetar, empatizar, explicar y dialogar serán la mejor ayuda para el niño, a quien le resultarán muy beneficiosas las técnicas de relajación, *mindfulness* y de desactivación fisiológica.

El mundo es apabullante. Los años y la experiencia nos enseñan a desconectar, a parar de vez en cuando a respirar hondo, a comprender las señales que nos envían nuestro cuerpo y nuestra mente cuando ya no podemos más. Tu hijo también aprenderá esto en el futuro. Mientras tanto, sé el guía que le dé la mano y detenga el mundo para que él encuentre unos instantes de calma.

«Cuanto mayor sea el nivel de calma de nuestra mente, tanto mayor será nuestra capacidad para disfrutar de una vida feliz».

DALAI LAMA

D) PERFECCIONISMO. BAJA AUTOESTIMA

Todos conocemos esa delgada línea que separa las ganas de hacer un buen trabajo de la obsesión de no verlo nunca lo suficientemente satisfactorio. El perfeccionismo no es malo, si sabe limitarse. Un perfeccionismo excesivo conlleva estrés; el estrés deriva en ansiedad, y otra consecuencia relacionada es la baja autoestima, la sensación de no llegar a hacerlo nunca bien.

En primer lugar, hay que cuidar el mensaje que le mandamos al niño como padres. Un mensaje de amor incondicional que no esté supeditado, por ejemplo, a la obtención de la mejor nota en un examen. Todos queremos hijos exitosos y perseverantes, todos queremos infundir disciplina y hacer saber al niño que la falta de esfuerzo tiene consecuencias. Pero una cosa no está reñida con la otra. Un niño no comprende la profunda realidad del mensaje, él solo capta que no es lo suficientemente bueno y que sus padres lo quieren menos cuando no obtiene resultados perfectos. Cuidado con las palabras y el nivel de exigencia. Es una balanza complicada, pero se puede conseguir.

El niño altamente sensible es muy exigente consigo mismo, no necesita muchas más presiones externas. Por el contrario, requiere un método adecuado para saber canalizar y exprimir lo bueno de esa constancia y buen hacer. Los mensajes e impresiones negativos, de decepción o disconformidad que le transmitimos pueden calar profundo en sus fuertes sentimientos, haciéndole dudar de sí mismo y generándole una inseguridad y una tristeza muy dañinas.

A colación de esto, también quiero hacer mención a las comparaciones, las tan típicas, nocivas y a veces inconscientes comparaciones que se realizan entre los niños. No nos engañemos, todo el mundo lo hace (también nosotros). Además, como padre de un niño altamente sensible, estarás harto de escuchar comentarios que comparan el carácter o comportamiento de tu hijo con el de otros niños de su edad. Incluso tú mismo habrás caído en la trampa, es inevitable. «El niño no socializa igual que los demás, se le ve más apartado y arisco». «Habla poco, a su edad otros niños hablan mucho más». «No es normal que no quiera jugar con la plastilina, a todos sus compañeros de clase les encanta». Por poner algún ejemplo de frases y comparativas sencillas y espontáneas que se escuchan o dicen con frecuencia. Cuando este mensaje llega a oídos del niño, no le hacemos ningún bien. Marcar comparaciones solo sirve para generar rivalidad, envidias y celos, mermar la autoestima y distorsionar el alcance de los logros personales.

Sí, tal vez tu hijo tenga un rasgo especial, un don, como ya hemos dicho. Eso no lo hace ni mejor ni peor. El refuerzo y el respeto serán siempre las mejores herramientas para ayudarlo en su crecimiento, evolución y persecución de objetivos. ¿Cómo puede alguien centrarse en la meta y en su propia carrera si le han enseñado a estar permanentemente mirando de reojo al corredor rival?

En el momento de la crianza, no se trata solo de las expectativas o deseos de los padres, sino de alinear estas exigencias con la personalidad, las capacidades, la edad y el desarrollo del niño.

Como niña altamente sensible, nunca necesité que nadie me exigiera o pidiera nada. Era yo quien se sentaba en la mesa a estudiar y hacer deberes hasta que caía la noche. Tenía que estar todo hecho y bien hecho. Era mi madre quien solía obligarme a salir a la calle, a merendar, a parar. Recuerdo que más de una vez me amenazó con tirar los libros a la basura si no lograba equilibrar mi ansiedad. Ella era capaz de ver mi rasgo, de atender algunas de las necesidades que yo mismo era incapaz de cubrir. Mi padre, sin embargo, solía apretarme aún más las cuerdas. Decía que estaba acostumbrado al sobresaliente y que el notable alto no era propio de mí, entre otras tantas comparativas e imposiciones. ¿Conclusión? Viví torturada toda mi etapa estudiantil. Nunca nada me parecía suficiente, siempre estaba agobiada, estresada, y sentía que los demás conseguían mejores resultados con menos esfuerzos.

Con los años he aprendido a identificar esto, pero el poso ha quedado dentro de mí y también ha hecho mella en la forma de relacionarme con mi padre. Exigir, en sí mismo, no es malo. Solo hay que saber cómo exiges, por qué y, sobre todo, a quién.

«Los perfeccionistas exigen la perfección de ellos mismos ante todo».

JOYCE MEYER

E) EL EXIGENTE SENTIDO DEL TACTO

Estoy completamente segura de que sabes bien de qué hablo. Probablemente tu hijo es algo «pejiguero» con los tejidos: le pican, le rascan, son tiesos... Nunca sabes cómo acertar. Y también con las costuras, las de los calcetines se suelen llevar el premio gordo. Puede que las etiquetas de las prendas también le incomoden. Los zapatos suelen ser otro motivo para llantos y rabietas: «Esos no», te dirá categóricamente sin mayor justificación, aunque tú podrás pensar que le rozan, le aprietan o le dan calor. Otras prendas, sin embargo, ni siquiera sabrás por qué las rechaza.

Puede que estés, como yo, sonriendo ahora mismo al leer esto. Vestir a tu hijo cada mañana posiblemente te supone un reto y puede que muchos días acabéis llorando él y desquiciada tú. Y ambas cosas son totalmente comprensibles. Él tiene sus motivos, basados (y a estas alturas estoy segura de que lo sabes) en su extrema sensibilidad sensorial. Y tú, porque puede resultar agotador gestionar esa larga lista de exigencias.

Te daré algunas ideas para afrontar estos aspectos y que el momento de vestirlo sea algo más llevadero:

- Permítele, en la medida de lo razonable, escoger su ropa.

- Llévalo de compras contigo (desde bien pequeño) y pruébale la ropa y permítele elegir.

- Acepta que habrá un porcentaje de prendas que quede en el armario sin que se haya querido poner cada temporada. Tal vez pasaron el primer filtro de elección en la tienda de ropa, pero, cuando vas a ponérsela, se niega en redondo. Tal vez ha apreciado algo que no le gusta y que en aquel momento no detectó.

– Adelanta quince minutos el despertador. Vestirlo te llevará más tiempo que a otro niño, pues tendrás que colocar la costura del calcetín varias veces hasta que esté a su gusto.

– Distráelo durante el momento del cambio con un cuento, cantando una canción o haciéndole cosquillas. Eso desviará su atención un poco de las posibles molestias y manías con la ropa.

– Elije las batallas. No siempre valen la pena y dentro de cinco años, si miras atrás, te preguntarás: ¿de verdad era tan importante lo que llevaba puesto?

– Revisa tus expectativas. En el mundo ideal los niños se visten sin rechistar, rapidito y con una sonrisa de oreja a oreja. En el mundo real, lloran, cogen rabietas, se quejan por todo y tardan muchísimo.

F) LA COMUNICACIÓN

Para cualquier padre alcanzar una comunicación sana, abierta y fluida con su hijo es un sueño. Para el padre de un niño altamente sensible esto adquiere nuevos matices. Esa sensibilidad tan profunda, esa forma de percibir el mundo tan distinta, hará que, tal vez, en alguna ocasión tu hijo se sienta solo, juzgado o incomprendido. Su mente es una olla a presión; su pecho, un estallido de emociones; su empatía y su capacidad de contagiarse de los sentimientos ajenos lo hacen enloquecer. Tal vez tu comprensión y tu palabra no lo arreglen todo de un plumazo, pero será un consuelo y bálsamo imprescindible. Tu hijo tiene que sentir y saber que sus padres lo apoyan, comprenden, escuchan y validan.

Su madurez emocional, además, hará del diálogo una parte importante de su desarrollo. Necesita expresarse y necesita que los adultos lo ayuden a manejar, gestionar y entender el apabullante mundo que lo rodea.

Sé que el día a día es estresante, que como padres tenemos mil cosas que atender: trabajo, llamadas, correos, compra, tareas de la casa..., y sin apenas un momento para nosotros. Una charla relajada con nuestro hijo puede ser ese momento de paz, no lo menospreciemos. Dejemos por un momento el móvil y las tensiones a un lado, escuchemos lo que nuestro hijo tiene que contar, escuchémoslo con atención y respondamos con honestidad. Tu niño altamente sensible puede sentir y ver parte de las emociones que te embargan, no se las niegues, no lo engañes. Muéstrate honesto y abierto con él, ese será siempre el mejor ejemplo. Siempre encontraremos un hueco en el momento del desayuno, tal vez en la merienda o al final del día, intercambiando impresiones sobre la jornada.

Ni te imaginas lo positiva que puede ser una conversación con tu hijo antes de acostarse. Tumbarse en la cama juntos, con luz suave, hacerle un masaje, hacerle cosquillitas y animarlo a que nos cuente sus cosas. A veces, esos quince minutos tienen más valor que horas enteras. Son quince minutos de atención plena. Te estoy mirando, te estoy tocando y te estoy escuchando. ¿Quién se va a resistir a relajarse y hablar en esa situación?

> «El mejor legado de un padre a sus hijos
> es un poco de su tiempo cada día».
>
> LEON BATTISTA ALBERTI

ALGUNOS CONSEJOS GENERALES

Ya vas teniendo cada vez más claro el cuadro de la alta sensibilidad, estás viendo el reflejo de tu hijo e hilando con otro tipo de comportamientos que, tal vez, antes no entendías y ahora se traducen maravillosamente.

Pero, Úrsula, necesito más. ¿Cómo sé lo que debo hacer?

Siempre he pensado que el instinto es infalible, nadie mejor que tú conoce a tu hijo. Aun así, vamos a ver algunas ideas o recursos sencillos que pueden ayudar en la vida diaria del niño altamente sensible.

- ACEPTAR. Parece obvio, pero lo primero es que seas capaz de reconocer y comprender la alta sensibilidad de tu hijo, investigar e indagar sobre ella para disponer de todas las herramientas necesarias para su crianza, cosa que ya has hecho leyendo este libro. Acepta el rasgo y trabaja por cuidarlo.

- LÍMITES Y DISCIPLINA. Que tu hijo sea altamente sensible y haya que aplicar el amor incondicional, la paciencia y la empatía en su educación no implica la carencia de límites. Para que un niño se sienta seguro necesita límites, pero debe saber entenderlos, que se los expliquen con determinación y, sobre todo, que sean constantes y consecuentes. El amor no es sinónimo de permisividad. Un hogar equilibrado deberá tener normas, el conocimiento preciso y razonado de lo que se puede hacer y lo que no, algo imprescindible en el desarrollo de cualquier ser humano.

- EVITAR LA SOBREESTIMULACIÓN. Punto muy importante y que te generará mucho interés como padre de un niño altamente sensible. ¿Cómo puedes ayudar en el día a día?

  – Si notas que tu hijo empieza a estar incómodo, elimina lo que le estresa: apaga la tele o la radio, recoge los juguetes, baja la persiana, busca un lugar más tranquilo para detener ese torrente de información.

  – Crea un ambiente idóneo. Tanto en la casa en general como en su cuarto en especial. No lo sobrecargues, no lo llenes de muñecos y color. Algo sencillo, cálido y minimalista que transmita paz será lo mejor.

  – No lo fuerces. Su sensibilidad sensorial es altísima, aprende a fijarte en estos detalles para conseguir que dejen de incomodarle. Los ruidos fuertes, determinadas texturas en las comidas, olores que le desagradan, quizá el difusor del salón, el perfume... Si se queja de las etiquetas, costuras o zapatos, no lo ignores, busca aquella ropa que respete la sensibilidad de su piel. Si al niño le da «grima» jugar con la plastilina o hacer manualidades con «cosas pringosas», no hace falta que juegue con ellas, ni que pise el césped si le pone nervioso. Adáptate a lo que sus sentidos y sensibilidad le piden.

– Ayúdalo a conocer las características de su propia personalidad. Conforme crezca, será importante que aprenda a identificar sus emociones, miedos, inseguridades y necesidades propias, siendo capaz de reconocer cuando algo le genera estrés y necesita una pausa.

– Saber que tus propias emociones y reacciones, incluso sin palabras, influyen y se reflejan en tu hijo. La disponibilidad con la que te muestras ese día, el tono de voz, las sonrisas y gestos..., tu hijo se fija y empapa de todo.

– Comunicación. Algo que puede aplicarse solo cuando el niño puede hablar y razonar, pero desde ese momento será imprescindible. Un niño altamente sensible hace muchas preguntas, quiere analizarlo y entenderlo todo, y este conocimiento no le debe ser negado. Comentar con él sus emociones y la realidad del entorno con honestidad y amor ayudará en su desarrollo emocional y en su autoconocimiento.

• FOMENTA SU AUTOESTIMA. Cuida las palabras, admira la sensibilidad de tu hijo, no la juzgues. Pasa tiempo con él, hazle sentir querido y respetado. Respeta sus emociones, decisiones, opiniones y gustos. Ayúdalo a relacionarse con el entorno, sobre todo con aquellas personas no sensibles que pueden no llegar a comprender su rasgo. Resalta sus fortalezas.

«El regalo más preciado que podemos dar a otros es nuestra presencia. Cuando nuestra atención plena abraza a los que amamos, florecen como flores».

THICH NHAT HANH

Pareciera, a raíz de todo esto, que acabamos de subirnos a una trepidante montaña rusa donde todo parece peligroso y exigente. No hay que apabullarse ni confundirse, como ya he dicho, a la hora de la verdad la clave de la crianza de un niño altamente sensible pasa por el amor y la comprensión. Además, aunque muchos quieran hacer ver que la sensibilidad es una debilidad criticable, hay muchos motivos por los que sentirse afortunado.

Hay experiencias, sensaciones y alegrías infinitas reservadas exclusivamente para ti, padre de un niño de alta sensibilidad:

- AMOR. La relación y el vínculo afectivo que puedes llegar a crear con tu hijo es algo único e incomparable. Lo ayudarás en sus necesidades, lo comprenderás, compartirás con él el conocimiento de su rasgo, haciendo comunes los logros y los momentos menos dichosos. La complicidad en su crianza será muy gratificante.

- APRENDIZAJE. La sensibilidad de tu hijo, su capacidad de ver, sentir y analizar cada detalle te enseñará algo nuevo cada día. Una nueva forma de ver el mundo y de verte a ti mismo.

- REFLEXIÓN. La curiosidad y la empatía de tu hijo te obligarán a ser más consciente de ti mismo, de lo que haces y dices, de cómo reaccionas. Aprenderás a abrirte más a él y a cuestionarte todo con mayor profundidad.

- ÚNICO. El mundo está lleno de competencia y egoísmo. Una persona como tu hijo es necesaria. Se convertirá en un adulto excepcional cargado de valores y empatía.

«Vuelve a mirar a tus hijos. Trata de ver lo que aún no has visto de ellos».

ÚRSULA PERONA

CAPÍTULO 4

¿PADRES ALTAMENTE SENSIBLES?

Este es un tema que suele preocupar mucho a los padres, y es comprensible. Una vez que sabes que tu hijo es altamente sensible, comienzan las dudas. Si yo no comparto el rasgo con él, ¿sabré estar a la altura? ¿Seré capaz de entenderlo? ¿Lo seré yo? Si también soy altamente sensible, ¿estaré retroalimentando los aspectos negativos? ¿Influiré demasiado o sabré criarlo con el acierto suficiente para que desarrolle su propia personalidad?

Muchas preguntas, demasiadas. Es normal sentirse abrumado, la crianza de los hijos es todo un viaje y nadie tiene un manual. Tranquilo, respira y céntrate siempre en los aspectos positivos y en pequeños *tips* que pueden serte de utilidad.

> «Parece que mi corazón está hecho de papel de seda; desearía que el mundo lo manejara con más delicadeza».
>
> RICHELLE E. GOODRICH

PADRES SIN ALTA SENSIBILIDAD

No tener el rasgo tampoco es ningún problema ni defecto. Como ya he dicho, se trata de una faceta de la personalidad. Cada persona es distinta y eso no implica que unos sean mejores y otros peores. Ahora bien, sí es cierto que en esta sociedad se ha resaltado la sensibilidad como un símbolo de flaqueza. «Ser un auténtico hombre», «no comportarse como una nena», «no ser un llorón». Pareciera que para ser un ser humano decente y respetable hay que ser extremadamente fuerte, automatizado, insensible, rudo. Sin ser conscientes, en muchas ocasiones y con nuestros comportamientos, frases o expectativas seguimos inculcando a nuestros hijos esta «tradición» (por llamarlo de alguna manera).

Ser un NAS es especialmente difícil. Los varones sensibles encuentran muchos más prejuicios acerca de la masculinidad. Mostrarse sensible y vulnerable está tradicionalmente asociado a la feminidad, lo cual es completamente falso. Las investigaciones científicas apuntan a que no hay diferencias en la distribución por sexos de la alta sensibilidad, es decir, existe el mismo porcentaje de PAS entre hombres y mujeres.

En realidad, deberíamos hacerles ver a nuestros hijos que mostrarse humano y dar a conocer nuestras emociones no es ningún defecto ni debilidad y que, por supuesto, no depende del sexo.

Puede que tú, padre o madre no altamente sensible, veas algunas reacciones de tu hijo «exageradas», que veas innecesario darles tantas vueltas a las cosas o mostrarse tan «introvertido» según qué casos. Tu paternidad es un curso intensivo de comprensión, respeto y paciencia. Tu hijo altamente sensible te enseñará esto y conseguirás ver la vida desde un nuevo punto de vista.

Entre otros retos o dificultades, habrá muchos días en los que la preocupación te consuma, pensando que tu hijo vive todo con demasiada diferencia a tu entendimiento, sufre demasiado o siente demasiado. Tu paciencia se verá puesta al límite con mucha frecuencia y deberás aprender a modular la manifestación propia de emociones: el tono de voz, las palabras, la intensidad... Si tú eres muy extrovertido, sociable e inquieto, quizá creas que tu hijo es más aburrido de lo que esperabas. Él funciona a otro ritmo, necesita más espacio y adaptación, además de sus periodos de desconexión. Es algo que hay que asimilar.

No pasa nada por no compartir el rasgo con tu pequeño, si estás leyendo este libro, ya estás haciendo un gran esfuerzo por comprenderlo y darle lo que necesita, así que enhorabuena, vas por buen camino. Simplemente, evita trasmitirle el concepto de que, para ser válido en este mundo, hay que ser rudo o mostrarse más fuerte de lo que uno es, como si su rasgo fuera algo vergonzoso que tuviera que limitar. Aparte de eso, te quiero hacer saber que el contraste de vuestras personalidades también puede ser muy beneficioso en la crianza.

Y es que no todo va a ser malo, así que tranquilo, hay muchos valores positivos que puedes enseñar a tu hijo altamente sensible:

- Tu carácter, quizá más abierto y decidido, ayudará a que tu hijo (más comedido) tome mayores riesgos y se adentre en nuevas aventuras que, de otra manera, quizá no se hubiera planteado tomar.

- Puedes representar un gran equilibrio para él. Cuando las emociones y la realidad le abruman y le sobrepasan, tu control puede serle de gran utilidad para entender y asentar la explosión del momento.

- Tal vez le des menos vueltas al coco, te preocupes menos y seas capaz de tomar decisiones con más agilidad, esto también puede animar a tu pequeño y facilitar algunas cosas.

Maya, paciente. 32 años

Mi madre era PAS; mi padre, no. He conocido otras muchas familias así y no ha supuesto un conflicto. Sin embargo, en mi caso había algo que marcó la estructura y las relaciones: la falta de empatía. El problema no era que la madre y los dos niños fueran altamente sensibles; el problema era que la única persona que no lo era se sentía terriblemente incómodo con esto y siempre juzgaba la personalidad de los demás. ¿El resultado? Una relación estrecha con mamá, una sen-

sación de tirantez constante con papá, con quien no
se suele poder hablar, porque no suele querer escuchar.

Este ejemplo es muy clarificador y representativo. No pasa nada por no ser PAS, no desemboca automáticamente en una mala relación con tu hijo altamente sensible. El progenitor no sensible solo necesita dos cosas muy sencillas: respeto y ganas de escuchar y entender. No parece tan complicado, ¿verdad?

Sin embargo, en la práctica, muchas veces sí que lo es. Las personas no altamente sensibles pueden tener dificultades para ser accesibles y abiertas ante las emociones de los demás. De hecho, la sensibilidad no es un rasgo «blanco o negro», más bien sería un continuo. Esta metáfora puede ayudar a comprender los rasgos de personalidad. Imagina una escala de 0 a 100. Por lo general, las personas nos situaríamos en los términos medios, pongamos, entre 40 y 60. Si hablamos de sensibilidad, eso supondría ser personas ni muy sensibles ni muy frías. Una persona altamente sensible se colocaría en el 80 o 90, y en el polo opuesto, las personas muy frías emocionalmente se colocarían en rangos muy bajos, como 20, por ejemplo. Esto es una simplificación de la realidad, pero nos ayuda a visualizar.

Así, un padre o una madre no PAS, pero situados en la zona media, serán capaces de empatizar y entender a su hijo altamente sensible, aunque ellos no lo sean.

Sin embargo, un padre o una madre situados en el 20 o 30 de esa escala imaginaria tendrán grandes dificultades para empatizar y comprender cómo se siente su hijo. No lo harán adrede, simplemente será una dificultad para ellos, pues no tienen ese registro, no tienen esos niveles de sensibilidad que les permitan conectar emocionalmente con el otro.

Alanis Morisette, cantante y compositora, reconocida PAS, describe cómo le afectó esto durante su infancia, al haberse criado con padres no PAS. Sentirse incomprendida, sola o no aceptada hacía que dudara de sí misma, que considerara que no estaba bien ser como ella era y que invalidara continuamente sus emociones. Por otro lado, no obtenía el apoyo emocional y la comprensión que necesitaba.

Como padres no estamos exentos de causar heridas de infancia en nuestros hijos. Ser conscientes de ello nos permitirá trabajar aquellos aspectos de nuestra personalidad que podemos pulir y mejorar con el objetivo de ser nuestra mejor versión para nuestros hijos.

PADRES CON ALTA SENSIBILIDAD

Y al igual que en el caso anterior, también hay luces y sombras. Que seas un padre o una madre altamente sensible, igual que tu hijo, no convierte todo el campo en orégano. Habrá dificultades, sobre todo para ti, que a veces te sentirás abrumado, necesitarás desconectar y no podrás, te marcarás un alto nivel de exigencia y no lograrás evitar hacer comparaciones con otros modelos de padres.

Pero, al mismo tiempo, tu sensibilidad hará que percibas las necesidades de tu hijo con ojo clínico. No solo entenderás su lenguaje hablado, sino su lenguaje corporal, pudiéndote comunicar con él de forma rápida y fácil, adelantándote a los acontecimientos y comprendiéndolo mejor que nadie.

¿La problemática principal en estos casos? Mantener el correcto equilibrio.

Tu alta sensibilidad también requiere especial atención. También tienes unas necesidades, al igual que tu hijo, que merecen ser escuchadas y atendidas, no solo por ti, sino por el resto de la familia. Tu hijo altamente sensible se contagiará y percibirá tus emociones encontradas: tu agobio, tristeza, saturación. Como padre altamente sensible te involucras y responsabilizas al 200 %, pero cuidar de ti no debería ser incompatible. Tu espacio, tu identidad personal y tu salud emocional reportarán el equilibrio necesario para ambos.

Otro punto conflictivo puede ser que quieras criar a tu hijo de forma completamente opuesta a como te criaron a ti, pues en aquel entonces no se tuvieron en cuenta las especialidades de tu rasgo. No está mal que quieras mejorar y cuidar los detalles basándote en el dolor de tu pasado, ahora bien, ojo con los extremos. Queriendo evitar una cosa podemos perder el rumbo y extralimitarnos en las decisiones.

Tal vez te cueste imponer límites por tu sensibilidad, porque no quieras herir a tu hijo o prefieras evitar el conflicto. Entiendo que la alta sensibilidad es todo un mundo de gran intensidad para gestionar y que, a veces, tendrás que cruzar tus propias barreras o zonas de confort. No será fácil (a veces tampoco agradable), pero proteger y amar a nuestros hijos pasa, a veces, por marcarles con claridad algo de disciplina.

Pero no quiero seguir atemorizándote con la parte negativa, porque el lado positivo es maravilloso y también hay que resaltarlo:

- Comprensión. Sabes en propias carnes lo que es ser altamente sensible, lo que implica y lo que necesita. Tú, tu experiencia y tu control sobre el rasgo serán el mejor apoyo, ejemplo y guía para tu pequeño.

- Compartís muchas cosas en común, lo que os acercará el uno al otro, permitiéndoos disfrutar de grandes momentos juntos.

- Como ya he dicho, sabrás identificar al instante lo que le pasa a tu hijo y encontrarás la mejor manera de comunicarte con él y satisfacer sus necesidades.

> **«Las personas altamente sensibles sufren más, pero también aman más, sueñan más, experimentan horizontes más profundos y gozo. Cuando eres sensible, estás vivo en todo el sentido de la palabra en un mundo salvajemente hermoso. La sensibilidad es tu fuerza. Sigue sumergiéndote en la luz y extendiéndola a otros».**
>
> VICTORIA ERICKSON

Ser un padre o una madre altamente sensible con un hijo con el mismo rasgo puede convertirse en una verdadera odisea. Los conocidos, desconocidos, allegados y familiares destacarán la personalidad de tu hijo, a veces de forma peyorativa o autoritaria («Tiene mamitis», «Lo estás malcriando», «Es un quejica o exagerado», «Le das todo lo que pide», «Lo estás sobreprotegiendo», «Vas a hacer que sea un blando», etc.), y tú te morderás la lengua porque, como PAS que eres, no quieres disputas ni generar un entorno tóxico para tu hijo. Sin embargo, arrastrarás este malestar y lo convertirás en un verdadero dolor de cabeza que te mantendrá siempre en tensión delante de la gente. ¿Qué terminará siendo más perjudicial para ti y tu hijo?

Está claro que el conflicto nunca es la solución, pero quizá esa gente no entiende la complejidad del rasgo. Tal vez deberías tomar el tiempo de explicar cómo quieres que los demás colaboren en la crianza de tu hijo, a fin de cuentas, la madre eres tú. Ten siempre esto claro: la crianza es tuya, el instinto es tuyo y nunca te falla. Todos opinarán y aconsejarán, pero lo que tu hijo necesita es un padre seguro de sí mismo que sepa transmitirle confianza y amor, mucho amor.

Sé que te preocupa que tu alta sensibilidad interfiera con las necesidades de tu hijo, sabrás hacerlo bien. Esa vocecita en tu interior ya te lo dice. Si estás leyendo este libro, es que tienes muy claro lo que quieres hacer, valoras la personalidad de tu hijo y quieres entenderlo y ofrecerle lo mejor.

Criar a un NAS es complejo, manejar sus intensas emociones y la vorágine de sentimientos propios es harto complejo. A veces te sentirás solo e incomprendido, es todo un reto. Pero, como digo, el instinto materno no falla, déjate guiar por él.

✳ ✳ ✳

Patricia estaba harta de callar. Callar todo lo que pensaba y sentía, se veía superada por los demás, por sí misma y por la crianza de su hijo. Al resto de familiares les pasaba lo mismo, querían ayudar, pero tal vez no de la manera que el pequeño necesitaba, pues no llegaban a comprender que había que ser más paciente con él.

«Es que este niño, cuando ve a la madre, ya no hay manera. Se asusta de todo y de todos, a ver si lo espabilamos», le decían a Patricia. Y cuando se reunía la familia, la hacían caminar varios pasos atrás para que el pequeño no la viera y no la escogiera siempre a ella, así los demás podían disfrutar de él. Esta situación le crispaba mucho, pues a su parecer no era lo correcto. No era el mensaje que quería darle a su hijo. No era el mensaje que quería que aceptaran los demás (que estar con el niño era incompatible con estar con la madre). No era el mensaje que quería para ella (que sobraba en todas las reuniones).

Ella se callaba, y el resultado era que llegaba sufriendo a casa, pero su pequeño también acumulaba un gran estrés y el día siempre terminaba entre llantos y colapsos. Patricia sabía lo que necesitaba su hijo, pero no se atrevía a dejarlo claro frente a los demás, pues las críticas y la incomprensión le vencían. Esto nunca debería ser lo común. No es sano ni para la madre ni para el hijo.

Si sabes que tú y tu hijo sois altamente sensibles (y debes saberlo si tienes este libro entre las manos), sabes perfectamente lo que os conviene y lo que no, lo que suma en positivo y lo que hace daño. Defender esto no está mal. Si lo haces con el mismo amor, entrega y paciencia con que estás criando a tu hijo, los demás siempre terminarán por adaptarse a ello.

> **Dijo una vez el pediatra Carlos González:** «No existe ninguna enfermedad mental causada por un exceso de brazos, de cariño, de caricias... No hay nadie en la cárcel, o en el manicomio, porque sus padres le cogieron demasiado en brazos, o le cantaron demasiadas canciones, o le dejaran dormir con ellos. En cambio, sí que hay gente en la cárcel, o en el manicomio, porque no tuvo padres, o porque sus padres le maltrataron, le abandonaron o le despreciaron. Y, sin embargo, la prevención de esa supuesta enfermedad mental totalmente imaginada, la sobreprotección infantil crónica, parece ser la mayor preocupación de nuestra sociedad».

No es malo ser altamente sensible. No es malo no serlo. Lo malo es no respetar la personalidad de los demás. Querer cuidar esto para tu hijo nunca será un error.

Para quien conserve dudas, aquí dejo un test para que procedas a hacer una autoevaluación de tu forma de sentir y vivir.[2]

---

2 Test extraído del libro *El don de la sensibilidad en la infancia* de la autora Elaine N. Aron. 1.ª edición, marzo de 2017.

¿ERES UNA PERSONA ALTAMENTE SENSIBLE?

Soy consciente de los detalles sutiles a mi alrededor	Verdadero	Falso
Me afecta el estado de ánimo de los demás	Verdadero	Falso
Suelo ser muy sensible al dolor	Verdadero	Falso
En días ajetreados necesito retirarme, tener privacidad y encontrar alivio a tanta estimulación	Verdadero	Falso
Soy especialmente sensible a los efectos de la cafeína	Verdadero	Falso
Me saturo fácilmente con las luces brillantes, olores fuertes, ruido de sirenas o tejidos ásperos	Verdadero	Falso
Tengo una vida interior rica y compleja	Verdadero	Falso
Me siento incómodo con los ruidos fuertes	Verdadero	Falso
El arte o la música me conmueven profundamente	Verdadero	Falso
Soy meticuloso	Verdadero	Falso
Me sobresalto con facilidad	Verdadero	Falso
Me agobio cuando tengo mucho que hacer en poco tiempo	Verdadero	Falso

Cuando la gente se siente incómoda en un entorno físico, suelo saber qué hacer para que el lugar resulte más agradable (cambiar iluminación, asientos…)	Verdadero	Falso
Me molesta que la gente intente que haga demasiadas cosas a la vez	Verdadero	Falso
Me esfuerzo mucho por no cometer errores o no olvidarme de las cosas	Verdadero	Falso
Evito ver películas o programas de televisión violentos	Verdadero	Falso
Me enervo y siento mal cuando pasan demasiadas cosas a mi alrededor	Verdadero	Falso
Los cambios en mi vida me afectan mucho	Verdadero	Falso
Me suelo percatar de aromas, sabores, sonidos y obras de arte delicados y finos, y los disfruto mucho	Verdadero	Falso
Me es prioritario disponer mi vida de forma que no me vea avasallado por situaciones agobiantes	Verdadero	Falso
Cuando tengo que competir, o si me observan mientras realizo una tarea, me pongo nervioso y hago peor las cosas	Verdadero	Falso
Durante mi infancia, mis padres o maestros me tenían por un niño sensible	Verdadero	Falso

Si tu respuesta ha sido «Verdadero» en doce o más preguntas, hay muchas probabilidades de que seas una PAS. Como dejé constancia en el test del niño, esto no es una ciencia exacta en la que debamos basar nuestra vida, simplemente es una orientación para ayudarnos a reflexionar y centrar nuestra atención.

Si te has identificado como PAS, posiblemente la crianza para ti esté siendo un viaje intenso. No me extrañaría que vivas con angustia, con miedos y con inseguridad todo lo relacionado con tus hijos. Posiblemente está siendo maravilloso y te está haciendo feliz, pero a la vez te sientas desbordada y en un permanente estado de inseguridad.

Ú Como PAS estoy viviendo la crianza con una intensidad y un grado de malestar que muchas veces me supera. Malestar porque la angustia y las preocupaciones están siempre presentes, de una manera u otra. Todos los posibles escenarios negativos acechan: que les pueda pasar algo a mis hijos, que tengan problemas de salud, que no sean felices.

Pero no solo eso. También dudo constantemente de si lo estaré haciendo bien, si esto o lo otro es lo que realmente necesitan mis hijos de mí, o si soy una buena madre.

A menudo acabo el día agotada y desbordada emocionalmente. Para atender las necesidades afectivas de mis hijos, debo apartar las mías, las cuales quedan relegadas a un segundo plano. O tercero, o cuarto. La crianza exige tanto emocionalmente de mí que a veces siento que no puedo más.

Veo a otros padres tranquilos, que pueden con todo, que parecen fluir con la maternidad de forma que yo no consigo. Se les ve seguros de sí mismos, con menos culpa y carga de las que yo arrastro. Se complican menos la vida. Y, ¡ojo!, que no lo estoy criticando, sino todo lo contrario. Me gustaría ser más así: más despreocupada, menos autoexigente, menos perfeccionista y menos sufridora.

Al final, llego a la conclusión de que esta manera tan intensa de ser madre no es ni mucho menos mejor para nadie. A veces pienso que esta falta de sosiego y esta preocupación constante afectarán a mis hijos en formas que aún no imagino. Y me están privando en parte de disfrutar plenamente de esta área de mi vida.

Por otro lado, estoy totalmente segura de que mis hijos se sienten amados incondicionalmente, que saben que estoy disponible para ellos afectivamente, que pueden acudir a mí cuando lo necesiten y que soy capaz de empatizar con ellos, de escucharlos activamente, de acompañarlos en este camino de la mejor forma que sé. Esa, supongo, es la parte buena de ser una mamá altamente sensible.

«Una madre nunca está sola en sus pensamientos.
Una madre siempre piensa dos veces, una
por sí misma y otra por su niño».

SOPHIA LOREN

CAPÍTULO 5

EL BEBÉ ALTAMENTE SENSIBLE

Es cierto que, en la mayoría de textos, vídeos, artículos y documentales, se hace referencia a la alta sensibilidad de los niños en etapas más avanzadas. *Niños*, la palabra clave es *niños*, pero ¿y los bebés? Se hace mención a sus respuestas, a su forma de relacionarse y dialogar con el entorno, de preocuparse, de quejarse y padecer, pero todo esto corresponde a una edad (que probablemente podamos identificar mejor a partir de los tres años) que nada tiene que ver con los primeros años. Un bebé no sabe comunicarse de esa forma, por ende, ¿cómo saber si tu hijo es altamente sensible?

Sé que es difícil, no hay muchas referencias a las que adherirse y los test no son 100 % fiables en tanto en cuanto incluyen cuestiones que pueden ser válidas para peques más mayores. Además, tan pequeñitos aún no se aprecia bien su personalidad y muchos rasgos están atenuados.

No obstante, al margen de que logremos saber a ciencia cierta si nuestro hijo es un NAS o no lo es, lo que sí podemos es identificar aquellas necesidades, posiblemente derivadas de su sensibilidad, que seamos capaces de cubrir y apoyar para su mejor desarrollo.

Y es que, seguramente, desde que nació tu bebé has estado con la mosca detrás de la oreja. «¿Es normal todo esto?». A lo que, muy probablemente, la mayoría de la gente te habrá contestado cosas del tipo: «Hija, es un bebé, ¿qué esperas? Los bebés lloran, no duermen y no dejan vivir a los padres, nos necesitan para todo»; «Será que lo estás malacostumbrando y tiene mamitis, déjalo que llore, que no le pasa nada, si no, vas a hacer que sea un quejica y un blando. Los niños son muy tiranos».

No sé cuántas veces habré hecho alusión a este tipo de comentarios, y nunca me cansaré de señalar lo nocivos y erróneos que son.

Y tampoco me cansaré de decir que, como papá o mamá, tu instinto no falla.

Se nota, cada sentido de tu cuerpo te lo ha estado diciendo desde esa primera semana de vida de tu bebé en la que ya notabas algunas características especiales: durmió poquísimo desde el primer día (muy poco teniendo en cuenta las necesidades de los pequeños en esta etapa). Otros papás te han dicho que no pegan ojo, que se despiertan hasta cuatro veces cada noche, y tú los has mirado con envidia y has callado avergonzado, porque tu bebé te ha llegado a levantar hasta quince veces en una sola noche. Tu recién nacido, además, odió la cuna desde el instante en que lo posaste en ella y demandaba tu cariño y tus brazos más de lo humanamente soportable. Parecía darse cuenta de los más mínimos detalles, incluso de ese *body* nuevo que compraste y al que se te olvidó quitarle la etiqueta, no se calmó hasta que se lo quitaste.

También te asombró su mirada, con apenas un mes veías cómo analizaba todo con una intensidad impropia de su edad. ¿Y la famosa y manida «mamitis»? Esa de la que tanto te culpan y que nada tiene que ver con la realidad. El apego de tu bebé para contigo fue sólido y firme desde que nació, sufre cuando se separa de ti y nadie sabe ni puede calmarlo, la separación le abruma de tal forma que suele ser complicado apartarte de su lado. También te has percatado de lo fácil que es saturarlo o sobreestimularlo: una voz elevada, una música muy fuerte, la intensidad de la luz, un niño de más hablando en el grupo, muchas manos queriendo cogerlo…, todo termina en una crisis de aúpa.

Su demanda y su sensibilidad son altísimas. Si además eres una mamá que da el pecho, habrás comprobado que no tienes un segundo para ti, es imposible. ¿Te suenan algunas cosas?

«Déjalo en el parque o en la mecedora un rato mientras tú tiendes la ropa, mujer. Mi niño se entretiene un rato con los juguetes o la tele y yo puedo terminar mis cosas». Dios sabe que lo has intentado, pero nada funciona. Tu hijo no entra dentro de este estándar, para él no existen «cinco minutos de desconexión».

La alta sensibilidad puede incorporar muchas otras características, pero estas pueden servir para identificar, a rasgos generales, al bebé con este rasgo (o que apunta maneras).

Los bebés no perciben ni experimentan el mundo como nosotros. No hay un pensamiento articulado en torno al lenguaje, no hay un pensamiento como tal, sino un torbellino de estímulos que entran a través de los sentidos o que provienen del propio cuerpo (hambre, sueño, molestias, incomodidad...). Es tremendamente difícil tratar de imaginar cómo es el mundo sensorial de un bebé.

Tras años de observación clínica, el psiquiatra Daniel Stern, en su libro *Diario de un bebé*, nos trata de describir ese universo de emociones. Stern utiliza metáforas para describir cómo un bebé experimenta las emociones, ya sean desencadenadas por estímulos internos o internos: «Imagina una gran tormenta en medio del mar. Enormes olas oscuras, densas, salpicadas de espuma blanca. Imagina el cielo oscuro, es noche cerrada. El frío que sientes en la piel, la sensación de inmensa soledad y vacío. Imagina el silencio a tu alrededor. Solo el mar, con ese sonido atronador, y tú. El viento atronador y tú. El frío y tú».

Esa podría ser una metáfora sobre cómo los bebés experimentan una emoción negativa. Simplemente les invade. Y ante una emoción que experimentan como displacentera, inquietante o perturbadora, solo pueden reaccionar con el único recurso que tienen al nacer: el llanto.

Un niño no llora por capricho. No llora porque esté mimado, ni porque quiera molestar o porque quiera manipularnos. Un niño llora cuando experimenta una necesidad que debe ser atendida por el adulto. Así de sencillo.

Nos hemos empeñado en mirar el mundo infantil desde la mirada adulta, desde el pensamiento adulto y con la capacidad de pensamiento y análisis adulto. Sin embargo, el niño, con su inmaduro cerebro, tiene unos recursos muy limitados.

Por ello nosotros somos su termostato emocional. Nos necesitan, además de para cubrir todas sus necesidades físicas (alimentación, aseo, sueño...), para regular y contener sus emociones. El proceso de regulación emocional es al principio regulado externamente por ti, el padre o la madre. Cuando lo consolamos, le enseñamos a consolarse. Cuando lo calmamos porque tiene miedo, le enseñamos que el mundo es seguro, que hay gente en quien puede confiar, que puede pedir ayuda. Cuando abrazamos su rabieta, legitimamos sus emociones. Le trasladamos el mensaje de que sentir ira, o frustración, o cualquier otra emoción, es lícito. Y expresarla también. Y le enseñaremos con el tiempo maneras más adaptativas de expresar y canalizar esas emociones.

Esto es igual para todos los bebés. Pero multiplícalo por cuatro en los NAS. Va a necesitar más de ti, porque sus «tormentas» serán más intensas y abrumadoras. Y más frecuentes.

No temas que, por calmarlo, atenderlo, sosegarlo o, en resumen, por ser su termostato emocional, vayas a convertirlo en un niño débil o sobreprotegido. Todo lo contrario. Un niño tendrá ganas de explorar el mundo cuando esté seguro de que tú estás cerca por si pasa algo. No tendrá miedo a las emociones negativas, porque tú habrás estado ahí para enseñarle a gestionarlas, a sentirlas, a experimentarlas. Le habrás transmitido herramientas de autoayuda. Primero habrás sido la que lo consuele, pero mientras lo haces, mientras le cantas, lo acunas, le hablas bajito, le estás mostrando el camino del autocuidado.

Y, además, le estás diciendo que se puede confiar en los demás y que se puede pedir ayuda y consuelo. Que no es malo ser sensible, que no necesita ocultar sus emociones y que debe legitimarlas. Atenderse, escucharse, darse tiempo y autogestionarse. ¿Se puede hacer un regalo mejor a un niño?

Ya he dejado claro que la alta sensibilidad no es ningún tipo de trastorno, es una característica de la personalidad que, si bien como padre va a llevarte en ocasiones al límite, te va a enseñar una nueva y maravillosa forma de entender el mundo y a las personas.

Tu bebé promete ser un futuro NAS, será más evidente con el paso del tiempo. Mientras tanto, no desesperes. Comprender sus necesidades y el porqué de su comportamiento te permitirá actuar en consecuencia, facilitando el día a día tanto para ti como para tu pequeño.

Vamos a repasar, a través de un listado, los problemas más comunes a los que puedes enfrentarte en esta primera etapa, su explicación y las pautas más sencillas para hacerles frente y favorecer el mejor desarrollo de tu bebé.

1) SUEÑO

Tu bebé duerme poco y mal, y, en consecuencia, tú también. Lo has intentado todo, todas las rutinas que aconsejan, los hábitos, el peluche, el cuento, en el cochecito, en brazos, en la cuna. Nada funciona. Le cuesta coger el sueño y, cuando parece dormirse, siempre parece estar en un duermevela constante.

Esta dificultad es normal en el bebé altamente sensible. La manera en que percibe el mundo, incluso desde los primeros días de vida, es tan intensa y pasmosa que desconectar no resulta sencillo. El mundo es apasionante, su pequeño cerebro funciona a mil por hora analizando todo a su alrededor, es una máquina que no sabe detenerse sola. Además, si tenemos en cuenta la necesidad de cariño y atención constante, sabemos que, en cuanto lo dejemos caer en la cuna, el llanto está asegurado.

¿Qué hacer?

Ante todo, seamos honestos, no existen las fórmulas mágicas. Cada niño es un mundo. También hay niños que necesitan más horas de sueño que otros. Si tu bebé es inquieto de por sí y de fácil sobreestimulación, la tarea de dormir nunca será sencilla. Sin embargo, hay que probar diferentes estrategias hasta encontrar aquello que le funcione mejor al pequeño, muy sensible, muy receptivo y muy seguro de lo que quiere (aunque no sepa expresarlo).

Algunas de las costumbres que han adquirido otros padres y madres pueden resultar de ejemplo orientativo:

- Lo has intentado mil veces, siempre es un drama. El bebé no se duerme solo, odia la cuna. Paciencia, todo se puede aprender, pero necesitará más sacrificio y dedicación por tu parte. Si a tu pequeño le apasiona dormirse en tus brazos, respétalo, su descanso es esencial en esta etapa.

- Cuando esté bien dormido (dicen que al menos deben pasar unos veinte minutos), comienza a dejarlo en la cuna. Una y otra vez, una y otra vez repitiendo el proceso. A veces, durará más; a veces, menos. Poco a poco se irá haciendo a la idea de despertarse en la cuna, identificando que no es un entorno hostil y que acudirás cuando te llame. Repito: esto, literalmente, tendrás que hacerlo una y otra vez, una y otra vez, sin aburrirte ni perder los papeles. Tu confianza, amor y atención serán lo que permita que el bebé se sienta seguro.

Marta, mamá de Adrián

Mi bebé dormía fatal, y solo lo hacía en el cochecito. Nunca me gustó que durmiera ahí, no me parecía seguro. Llegó un momento en que la situación era insostenible, no dormíamos nada y él empezaba a estar incómodo, no entraba tan bien como al principio, iba creciendo.

Así que me armé de paciencia, me santigüé y comencé mi cruzada. Iba a conseguir que durmiera en la cuna sí o sí. Empecé durmiéndolo como siempre, en el carro. Después, una vez dormido, lo cogía en brazos y me quedaba sentada con él un rato. Luego lo pasaba a la cuna. Al principio no duraba ni diez minu-

tos. Pero me propuse no cejar en mi empeño. Parecía que no iba a funcionar nunca, pero seguí. Nunca lo dejé llorar, siempre acudí a su reclamo. Poco a poco fue aguantando unos minutos más. Me animé a suprimir el carro, lo dormía en brazos cantándole nanas y meciéndolo (no siempre funcionó a la primera). Después, lo dejaba en la cuna. Me levanté mil veces, me costó mucho trabajo y muchos muchos días. Pero lo conseguí. Hasta que incluso, cuando se despertaba en mitad de la noche, se había acostumbrado tanto a la cuna que ya no le producía terror, se quedaba tranquilito y, a veces, volvía a coger el sueño solito. La satisfacción que sentí fue indescriptible. Lo había intentado todo anteriormente, incluso lo llevé a fisioterapeutas, especialistas del sueño y pediatras. Sin éxito. Cuando me mentalicé yo, cuando lo asumí, hice las paces con nuestra realidad y me propuse trabajarlo con amor, sin prisa, pero sin pausa, encontré el triunfo, respetando sus necesidades y manteniendo nuestro apego intacto.

- El bebé altamente sensible necesita desconectar, resetear, aislarse y zambullirse en un espacio calmado. A algunos pequeños les relaja la aromaterapia (un humidificador con gotas de lavanda, mandarina y manzanilla romana, por ejemplo). Una luz tenue y cálida, una melodía lejana, muy bajita y relajante, quizá el sonido del bosque o del mar, una música clásica muy pausada. Quizá todo a la vez. También es una forma de crear rutina y mostrar que hay un espacio sagrado donde se puede descansar, alejado del resto de estímulos diarios.

- Un peluche, una camiseta de mamá, un *doudou*. Un acompañante suave que se convierta en sinónimo de dormir y que única y exclusivamente se use en ese momento.

- Antes de la hora de dormir hay que ir bajando el nivel de estimulación con tiempo de sobra (este bebé necesita un buen margen de recuperación). Si ha habido visitas en la tarde, que os hayáis quedado solos al menos una hora antes, que nadie le esté insistiendo en jugar o interactuar con él, que no haya luces ni ruidos fuertes.

- Si a tu bebé le funciona el colecho, sigue con él. No te creas esos comentarios que critican esta práctica. No hay adolescentes de quince años durmiendo con sus padres porque de pequeños hicieron colecho. Respeta lo que le funciona, el niño irá madurando y reclamando su propio espacio. El problema es querer forzar sus plazos. Todos los niños crecen y evolucionan, ¿por qué queremos que lo hagan a nuestra manera o cuando a nosotros nos conviene? Si nos mentalizamos de que vamos a respetar y aceptar sus tiempos, todo resultará mucho más fácil.

- La lactancia a demanda puede ser un aliado si necesitas dormir. El NAS necesita «como el comer» (casi literalmente) tu cercanía, amor y seguridad. Habrás notado que donde mejor está es enganchadito a la teta, donde parece dormirse al momento y resistir largo rato. Puede ser una combinación exitosa con el colecho (aunque cada uno encuentra sus trucos). Si tu bebé se duerme mejor, con un sueño de más calidad y sin menos drama cerca del pecho de mamá, ¿por qué espaciar las tomas de forma matemática y cuadriculada cada tres horas? Aunque *a priori* pueda parecer contradictorio, ofrécele el pecho cuando lo reclame y, tal vez, los dos ganéis en descanso y tranquilidad.

- Puedes probar a cubrir la cuna o el cochecito con una sábana ligera que genere un espacio cubierto y confortable. Una especie de cueva o refugio donde el niño pueda sentirse seguro y cobijado. Puede ser una gran idea, sobre todo, cuando estemos fuera de casa.

- Rutinas. Esto lo habréis escuchado muchas veces y es cierto que por sí solas no funcionan a la primera, pero sí facilitan coger una costumbre y hacer una asociación. El NAS es muy sensible a cualquier cambio, algo que le estimula y lo pone rápidamente en alerta. Si mantenemos una rutina fija con unos horarios igualados cada día, sabrá qué esperar, ganará seguridad y poco a poco se irá amoldando. Por poner un ejemplo: el baño, siempre a las 18:30. Acto seguido, sobre las 19:00, la cena, preferiblemente en el mismo sitio, sin grandes distracciones. Después, un rato familiar, con luces tenues, sin sobresaltos, juegos tranquilos o ejercicios suaves de relajación. Antes de las 20:00, el cuento. Bajaréis las persianas, encenderéis la luz de la noche, le daréis su chupete, su *doudou*, pondréis de fono la música suave o ruido blanco que tanto le gusta, y el bebé sabrá que, como cada día, toca dormir (otra cosa es que él quiera). Pero, como se dice, «el hábito hace al monje». Mantén las rutinas, puede que tarden, pero se afianzarán.

«Incluso una estimulación moderada y familiar como un día en el trabajo puede hacer que una persona altamente sensible necesite silencio por la noche».

ELAINE N. ARON

2) ALIMENTACIÓN

El bebé de alta sensibilidad, así como los niños más mayores, puede presentar dificultades o «rarezas» a la hora de comer. Las texturas, el olor, el color, incluso la simple preferencia por usar un tenedor o una cuchara. Por no hablar del entorno, que, como hemos aclarado, puede saturarlo, distraerlo y agobiarlo hasta quitarle las ganas de comer.

La inclusión de los alimentos debe ser paulatina, respetuosa y paciente. No hay que obligar a comer entre llantos y berrinches, forzar solo hará que desarrolle pavor y su negativa aumente (y con razón).

El caso de Elena y su bebé es un gran ejemplo

Habíamos superado con creces la etapa en la que había que comenzar a ofrecerle alimentos sólidos, pero la teta seguía siendo la estrella. Mi bebé, desde el primer momento, se negó a probar biberones, las tetinas le producían un rechazo sorprendente. Odió las papillas de cereales en cuanto las probó, y las de frutas no podía ni olerlas. Al principio forcé la maquinaria, le metía las cucharadas a presión, fue una experiencia de lo más desagradable para él y para mí. Empezaba a agobiarme, ya tenía edad suficiente para introducir más variedad de alimentos, vitaminas y proteínas. Parecía imposible.

Sabía que mi bebé era «exquisito», «especialito», como decía su abuela, así que probé algo diferente. Me puse a preparar mis propias papillas de cero, comprando la harina sin procesar, incluyéndoles fruta (previamente cocida) para mejorar el sabor y cocinando todo a mano (un trabajo de chinos). Eso sí le gustó.

Me llené de seguridad y energía, si me adaptaba a él y le daba una vuelta más a las ideas básicas, si me estrujaba un poco el coco, podía dar con la tecla. Estuvimos mucho tiempo con este tipo de papilla, hasta que se acostumbró y, poco a poco, pude introducirle las demás, aunque siempre prefirió los purés caseros, sobre todo me sorprendió lo mucho que le agradó el de pescado. Ahora bien, todo de buena calidad y cocinado como las abuelas, los purés de tarro le producían arcadas.

Con la fruta pasó lo mismo. Preparé muchos potitos que me tuve que merendar yo. Dejé de forzar, siempre le ofrecía la cuchara un par de veces y después me lo comía sin insistirle más. Un día, otro día, una semana. Nada. Hasta que, de pronto, se lo empezó a comer como si nada.

No fue fácil, ni cómodo, ni sencillo. Cada niño tendrá su fórmula. Pero descubrí que, con verdadera paciencia y un poco de ingenio (porque nuestro bebé no sabe decirnos lo que quiere), se puede conseguir el resultado deseado. Da igual si todos los demás llegan a la meta antes que nosotros, el mérito está en que llegamos de todas formas, y lo hacemos juntos y conociendo un poco mejor a nuestro bebé.

- También es importante controlar el ambiente en el que come. Como bebé altamente sensible, todo lo que haya alrededor estará siendo automáticamente recibido, procesado y gestionado detalladamente. Un lugar bullicioso, con la mesa repleta de aromas y colores, varios comensales hablando, el sonido de la televisión de fondo, mamá tratando de conversar con los demás entre cucharada y cucharada, hará que el pequeño se descentre, que se agobie y que el acto de comer sea algo agotador porque su mente y sus sentidos están repletos de información. ¿Cómo va a entrar la comida?

Al igual que para dormir, verás que al niño le funcionan mejor unas cosas que otras. Tal vez disfrute mejor de la comida si mamá o papá se sientan solos con él en un espacio tranquilo y menos bullicioso. Ten en cuenta que tu bebé también percibe tus emociones y las del resto de personas que están a su alrededor, el estrés, lo ruidoso, el nerviosismo, las prisas..., todo se le queda grabado y se le puede (nunca mejor dicho) atragantar.

A los adultos, normalmente, nos gusta disfrutar de una comida relajada, con buen ánimo, sin prisas, concentrados únicamente en el deleite de comer. A tu bebé, por muy pequeño que sea, probablemente también le guste lo mismo.

• La alimentación autorregulada o *baby led weaning* (BLW) puede ser una alternativa ante el trepidante cambio de texturas y el progreso en la prueba de nuevos alimentos. En lugar de triturar los alimentos, se le ofrecen con el tamaño y forma adecuados para que sea el propio bebé quien los coja con sus manos y se los lleve a la boca en función de su apetito y preferencias. Se hierve la verdura, la carne o pescado y se le presenta en trozos alargados para que sea capaz de agarrarlos sin problemas. A través de su curiosidad y autonomía irá aprendiendo a comer y a escoger la cantidad y el alimento que más le guste. Puede ser una forma entretenida de introducirle nuevos productos o texturas de manera más amena y participativa. Es muy importante que, si eliges este tipo de alimentación, te informes adecuadamente antes de empezar.

- Habrá días mejores y días peores. Días donde se muestre más dócil y días donde algún acontecimiento que le haya saturado lo lleve en picado emocional y el acto de comer sea un drama. Ante todo, saber que perder los nervios no sirve de nada. Obligar a comer nunca es recomendable en estos casos. Haz una pausa, dale un poco de tiempo y espacio, trata de calmarlo con algo que le guste y le transmita calma y vuelve a intentarlo. Sin gritos, sin amenazas, con nervios templados. Sabes que el NAS se contagia de tu estado de ánimo; si nota que estás crispado, mirando la hora, inquieto y agobiado, te aseguro que no comerá. Si no hay manera, no insistas. No es una catástrofe si un día no come (seguramente lo pida en algún momento del día porque obviamente tendrá hambre) o si come menos. Después le darás la merienda y volverás al ataque en la cena y la comida del día siguiente. A veces es solo la tensión del momento lo que acrecenta su negativa. Busca el entorno, el momento y la forma que más le gusten. Y recuerda: todos los días no son iguales. Tampoco para nosotros. Un día podemos levantarnos con un apetido voraz, y otro, encontrarnos desganados o inapetentes. Tal vez después de una discusión se nos cierre el apetito. ¿Nunca te ha pasado? Pues a tu peque le puede suceder igual. Aprender a ser flexible en la crianza es también una gran habilidad en sí misma.

- No te marques expectativas irreales y busca apoyo en tu pediatra. Siempre y cuando el niño esté sano y tenga sus necesidades nutricionales cubiertas, no te agobies ni pretendas que coma lo que tú crees que debería comer de la manera en que se considera que debería hacerlo. Puede que no le guste un aderezo, que se escandalice si encuentra un pellejito en el puré, que no le guste el queso, que odie mancharse las manos o aborrezca la naranja. Bueno, a todos nos pasa que nos gustan más unos alimentos que otros. Si el puré de carne se le atasca, ofrécele otra alternativa o cuécela de otra manera o con otros complementos que camuflen su sabor o textura. Lo sé, hay que ser creativo y muy flexible, pero con un NAS es una aptitud que vas a tener que dominar.

«Comer es una necesidad, pero comer
de forma inteligente es un arte».

3) TEJIDOS

La alta sensibilidad implica percibir todo de manera más intensa. Todos los sentidos reciben la información con mayor profundidad. Esto incluye el tacto.

Los roces, las asperezas de según qué tejido, los zapatos,

las gomas de los pantalones, todo puede suponer una incomodidad verdaderamente insoportable para el bebé. No es una exageración, realmente le molesta, incluso llegando a ser doloroso.

Ya hemos hablado de este aspecto en un capítulo anterior, pero te recordamos que no hay mucho misterio en este terreno. Si te has dado cuenta de que tu bebé se muestra muy irritable según qué días y según qué atuendo, prueba a fijarte en cuáles son las texturas que mejor acepta. Tal vez la ropa suave de algodón, los pijamas sin cremallera (porque le moleste la costura), un peto holgado en lugar de un pantalón de cintura ceñida. A todos nos gusta estar cómodos, a tu bebé también.

Si con el paso del tiempo, además, te deja claro que hay ciertas cosas que no le agradan lo más mínimo, respétalas y, aunque te pareciese que iba a estar guapísimo con esos zapatos de charol, ponle las botas altas y anchas con las que se siente mejor.

- Déjalo participar y decidir. Que te acompañe durante la compra de ropa, pregúntale, invítalo a probársela, muestra interés por saber lo que prefiere y déjalo escoger.

- No insistas. Si las zapatillas de colores tan bonitas que le compraste no le gustan y has intentado varias veces ponérselas sin éxito, no lo obligues. Eso solo genera frustración y asilamiento en el niño.

- Lo que tú (u otros) consideras «manías injustificadas» entiende que pueden suponer verdadera molestia o dolor para tu hijo altamente sensible. Favorece el uso de prendas que no le incomoden, sin etiquetas, de tejidos suaves, que no le agobien...

Carlos, papá de un bebé NAS

Mi hijo de año y medio no soporta los cuellos altos, le entran los siete males, lo veo incluso angustiado. Lo mismo sucede con las chaquetas: si no has subido bien la cremallera y le roza el cuello un milímetro del dentado, entra en colapso. Necesita un poco de abertura, aunque no soporta tampoco llevar los abrigos abiertos del todo, se queda quieto, tirando de la chaqueta hasta que se la quitas o se la cierras hasta arriba, no hay término medio. Por supuesto, odia los guantes, sigo intentando que se los ponga, pero prefiere volver con las manos moradas antes de dejar que nada se pose en sus dedos.

Que este testimonio no te resulte desalentador, todos tenemos nuestras manías. Cuando son nuestras, las comprendemos, asimilamos y justificamos perfectamente. Hagamos lo mismo con las de nuestro bebé y busquemos fórmulas que le resulten válidas. Hoy en día hay cientos de opciones en el mercado textil. ¿Qué necesidad hay de hacerle estar incómodo?

4) ANSIEDAD POR SEPARACIÓN

Ú Cuando tenía catorce meses nació mi hermano. Nunca le tuve celos, pero recuerdo competir con él por la atención de mi madre. Tengo recuerdos de aquella época que no sé si son reales o inventados, porque creo que era demasiado pequeña para recordar nada. Sin embargo, tampoco me extrañaría, porque tengo una memoria episódica prodigiosa, rasgo que creo que compartimos muchas personas altamente sensibles.

En ese recuerdo estoy dentro del parque infantil que mi madre había puesto en el salón, donde supongo que me metía para poder atender a mi hermano. Yo lloraba y lloraba mientras la veía sentada en el sofá amamantando a mi hermano. La sensación de soledad era enorme; mi madre solo estaba a un par de metros de mí, dentro de mi campo de visión, pero me sentía descorazonada. A toda costa necesitaba que mi madre me cogiera en brazos, pero lo acunaba a él. No sentí celos, nunca los he sentido por mis hermanos, era otro tipo de emoción. Era un dolor enorme, que no podía controlar. Era calor, y lágrimas y rabia en las manitas que apretaban la red del parque.

Momentos como ese salpican mi memoria. Puede que no sean reales, las huellas en la memoria son caprichosas y a veces ni siquiera son recuerdos exactos, se forman a través de historias que nos contaron, de fotos o de otras experiencias similares. Sin embargo, si adelanto la «película» unos años más, cuando ya estoy segura de que aquellos hechos pasaron, me encuentro las mismas experiencias, las mismas vivencias intensas y perturbadoras.

En la ansiedad por separación juega un papel fundamental lo que se conoce como «vínculo de apego». Fue John Bowlby, psicólogo, médico y psicoanalista británico, quien dio arranque en la década de los setenta a la «psicología del apego». Este autor consideraba que el apego o vinculación aparece cuando existe una «relación cálida, íntima y continua con la madre, en la cual madre e hijo encuentran satisfacción y placer». Además, se ha descubierto que el apego influye en el desarrollo de nuestro sistema nervioso, hormonal e inmunitario, y esto es así porque muchas de las emociones humanas más intensas, basadas en esos componentes biológicos, se estructuran y desarrollan mientras las relaciones de apego se forman en la primera infancia. No hay duda, las emociones son la base del apego, y el apego es el moldeador de nuestro mundo emocional.

El armazón o estructura emocional de tu hijo depende de esto, y está compuesto por las capacidades y aptitudes personales que le permiten desenvolverse con éxito en su día a día: una personalidad estable y suficientemente sólida, habilidades sociales, capacidad de sentir empatía e interés por el otro y por el entorno.

El amor incondicional y el apego seguro ayudan a tu hijo a tener una autoestima positiva, relacionarse asertivamente con los demás, tener motivaciones para lograr sueños y saber reconocer y gestionar sus emociones. A todos los padres nos preocupa el futuro de nuestros hijos, su desarrollo profesional. Siempre se presta mucha atención a la formación, la educación, pero lo más relevante en el desarrollo de cualquier persona, sin embargo, es su armazón emocional, pues de él dependerá todo lo demás, la manera de afrontar la vida y enfrentarse al mundo. ¿No es hora de centrarnos más en ello?

Entendiendo esto, comprendemos que nuestro bebé se queje, llore o se muestre ansioso cuando siente peligrar el vínculo de apego, teme que su madre se vaya... Y demuestra su malestar al regresar el progenitor, en forma de rechazo, rabieta, tristeza, vulnerabilidad... Es la forma que tiene el pequeño de manifestar el dolor por la pérdida y dar aviso para evitar que se repita la situación.

Tú, como madre o padre, eres la referencia segura de tu bebé. El vínculo del apego es fundamental para el correcto desarrollo emocional, más si cabe en el caso de la alta sensibilidad. El bebé llega a un mundo nuevo, ruidoso y exigente del que percibe información constante con una intensidad abrumadora. No sabe expresarse, no sabe traducir sus emociones, no sabe regularlas y no sabe pedir lo que necesita para calmarse. ¿No resulta agobiante? Es lógico que muestre ansiedad al separarse de su cuidador, la única persona que empieza a entender su delicadeza y atiende esa especial sensibilidad. No es un capricho, no es una manipulación. Se trata de un miedo real que se irá mitigando con el tiempo, la madurez y la experiencia que vaya adquiriendo actuarán por sí solas. Se trata de un mecanismo de supervivencia y no podemos pretender que, a los pocos meses de vida, el retoño se conforme con estar separado de su madre, pues para él el peligro es evidente y la soledad se le antoja estremecedora.

La sensibilidad tan marcada de tu bebé hace que esto sea especialmente palpable cada vez que haces el amago de apartarte de su lado para ir un minuto a la cocina a coger una cosa, parece que lo estén torturando. No quieras convertir a tu hijo en alguien que no es, no hay que anular ni estigmatizar las emociones, al contrario, hay que ayudarlo a gestionarlas, comprenderlas y sobrellevarlas.

Tu bebé altamente sensible siente, siente mucho, y por eso teme de manera tan real y desgarradora separarse de ti. Necesitará otros puntos de agarre, el padre, el tío, los abuelos. Poco a poco puedes ir ganando tu espacio, «desapareciendo», por ejemplo, para echarte la siesta un rato. Iremos haciendo crecer estos lapsos de tiempo, con paciencia y cariño, haciéndole ver que siempre regresamos y que el resto de cuidadores también velan por él.

Un ejemplo más gráfico. Si una persona padece agorafobia (fobia a lugares públicos o a salir de casa), ¿a quién se le ocurriría empujar abruptamente a esa persona a la calle? ¿No nos resultaría desalmado, casi una tortura? ¿No pensamos que, frente a las terapias de choque, son mejores aquellas que puedan asimilarse, comprenderse y abrazarse? Si nos resulta evidente en estos casos, sabiendo que para tu bebé separarse de ti es una fobia insoportable, ¿no es más fácil mostrar empatía y paciencia?

Tu hijo crecerá, madurará y aprenderá a ganar y desarrollar confianza, pero se trata de un proceso evolutivo.

¿Cómo desarrolla esta confianza?

Para entender cómo un niño va desarrollando la confianza (o todo lo contrario), voy a usar la propuesta de la psicóloga Mary Rodbart, de la Universidad de Oregón, que, a través de sus experimentos, nos ayudó a entender los mecanismos que el bebé pone en juego:

- Al nacer, la única reacción que tiene el niño para expresar sus necesidades o su malestar es negativa: llorar, mostrar incomodidad, gritar. Es la primera respuesta emocional, el recurso con el que todos los niños vienen de serie y que les garantiza la supervivencia. Imaginad en la prehistoria, cuando mamá neandertal se paseaba con su bebé y lo dejaba por un rato en el suelo mientras se alejaba un poco para recoger frutos. Si ese bebé no lloraba con fuerza para que su madre lo encontrara, tal vez no habría sobrevivido. Si no lloraba con ganas cuando quería alimento, tal vez mamá neandertal, que no tenía reloj ni muy interiorizados los ritmos de la lactancia, podría no haber alimentado lo suficiente a su bebé. Vemos claramente que llorar, gritar y mostrar descontento es una muy buena manera de sobrevivir nada más llegar a este mundo.

  Los niños altamente sensibles, como hemos comentado, son aún más reactivos y se irritan con más facilidad debido a sus características.

- A los dos meses de vida, se pone en marcha el sistema de activación conductual. El pequeño cerebro del bebé va madurando a velocidad vertiginosa y le permite aumentar su repertorio conductual. Empieza a mostrar interés por lo nuevo y siente frustración cuando no lo consigue. También aparecen la alegría y la satisfacción cuando sí lo consigue.

- A los seis meses se pone en marcha el sistema de detección-comprobación, el cual nos permite comparar experiencias. Nos aproximamos a un estímulo o situación nueva y, si es aversiva, nos alejamos. El NAS, tan sensible, se vuelve evitativo rápidamente, ya que experimenta el miedo, malestar o cualquier emoción negativa, muy intensamente. Al evitar las situaciones similares venideras, consolidará su miedo.

Imagina una situación en la que vas con tu pequeñín de ocho meses en brazos dando un paseo y un conocido os saluda. Le hace carantoñas al niño y le ofrece los brazos. El bebé te mira, ve tu expresión confiada y sonriente, y decide aventurarse a esos brazos nuevos. Pero la experiencia no es grata, pues al verse en brazos ajenos, percibir el olor extraño de otra persona y sentirte lejos (apenas estás a medio metro), siente miedo y emociones negativas y rompe a llorar. Si en ese momento reaccionas de manera empática y comprensiva, volviéndolo a coger nuevamente, tranquilizándole y permitiéndole seguir interactuando con la otra persona desde la seguridad de tus brazos, habrás ayudado al niño de manera externa a modular el miedo, a mantenerse en niveles tolerables de miedo Si por el contrario no respondes a su llanto y lo «fuerzas» a permanecer en brazos del otro, el niño vivirá una situación muy desagradable que puede que haga que, ante lo mal que lo ha pasado, en siguientes ocasiones se niegue en redondo a irse con otra persona. En el primero de los supuestos, le hemos permitido experimentar y hemos sido respetuosos con su ritmo. Tal vez la próxima vez que vea a nuestro amigo se sentirá más confiado.

- A los diez meses ha desarrollado otras habilidades. Ya es capaz de prestar atención selectiva a los estímulos del entorno. Puede detener o inhibir su propio comportamiento, es decir, empieza a tener autocontrol en ciertas áreas y puede tomar pequeñas decisiones. Si el sistema de detección-comprobación es muy fuerte, necesitará el apoyo social para lidiar con los miedos, pues estarán muy presentes y actuarán como inhibidores de su conducta. A esta edad empieza realmente la interacción social, y si el bebé siente que en esos contactos con los demás está a salvo, seguro y puede disfrutar de esas interacciones, irá poco a poco socializando más.

Si tu bebé se siente seguro, confiado, si sabe que estás ahí, explorará el entorno, el mundo y a las demás personas con más confianza que si siente que no tiene ese recurso para ayudarlo a lidiar con las emociones. Si le mostramos el apoyo y le brindamos la seguridad que necesita, evitaremos que se vuelva inhibido.

Para ayudar a nuestro NAS a florecer y poder disfrutar plenamente, deberemos proporcionarle un entorno social rico y estimulante, la posibilidad de probar experiencias nuevas, pero siempre de una manera tranquila y estando disponibles para él. Elogiaremos sus pequeños logros, elogiaremos incluso los intentos.

No se trata de meter en una burbuja a nuestro hijo para que no sufra, se trata más bien de encontrar el equilibrio entre apoyarlo y acompañarlo en el proceso, y de animarlo a asumir pequeños retos de manera que vaya ganando en autonomía e independencia.

Y es que tú, padre o madre, eres su referencia para relacionarse con el mundo. Con el amor y el apoyo necesarios, volará libre de forma sana e independiente. Cuando ese día llegue, te acordarás de los tiempos en los que tanto te necesitaba, sentirás nostalgia, pero sonreirás tranquilo: «Lo hice bien, lo disfruté al máximo».

5) HIPERESTIMULACIÓN

Es uno de los puntos clave de la alta sensibilidad. La percepción tan marcada y detallada de todo cuanto hay alrededor provoca que la saturación y la sobreestimulación se produzcan de forma inevitable.

Conocer los «puntos débiles» de tu bebé es fundamental para evitar llegar a la fase de crisis por hiperestimulación. Hay bebés a los que les encanta estar de brazo en brazo mientras la gente les habla y les hace carantoñas. Probablemente tu hijo no sea de estos, porque tanta información es demasiado para gestionar. Si has percibido esto, aunque los abuelos o vecinos pongan el grito en el cielo, no fuerces al pequeño a vivir situaciones incómodas que más tarde repercutirán negativamente en su rato de sueño, de comida o simplemente harán que esté más susceptible el resto del día. La pequeña mente de tu bebé altamente sensible tiene un tope, no la sobrecargues.

Al mismo tiempo, el bebé altamente sensible mostrará una gran delicadeza ante los detalles. Procura, en la medida de lo posible, sobre todo según qué horas del día (principalmente la tarde-noche para favorecer su descanso), regular y tener en cuenta los siguientes factores que pueden generar estrés y sobreestimulación:

- **LUZ.** Es muy sensible a la luz o luminosidad. Luces cálidas y tenues, indirectas, será lo mejor.

- **SONIDOS.** Parece que se percata del más mínimo ruido, por lejos que esté. Los estridentes pueden llegar a tensarle o asustarle. No pongas la televisión a todo volumen, la escucha perfectamente a niveles más bajos.

- **VOCES.** Es muy sensible a la forma en que nos comunicamos con él. Los gritos, voces estresadas y altas le confunden y le generarán malestar.

- **ABRAZOS.** Todo en su justa medida. Un abrazo es información que procesar. Este niño también suele tener un concepto muy definido de su «espacio personal». Si a ti no te gusta que invadan tu espacio cuando no te apetece, no lo obligues a él a aceptar cariños cuando no es capaz de recibirlos adecuada y satisfactoriamente.

También hemos mencionado anteriormente consejos al respecto, sobre todo, al numerar los «cuatro jinetes de la mala conducta», pero cuando la saturación haga acto de presencia, o incluso mejor, antes de que esta estalle de forma incontrolable, se puede probar a:

- Apartarlo del espacio que le genera la hiperestimulación, buscar un lugar más tranquilo, silencioso, donde pueda sentarse solo con mamá o papá a tomar un tentempié o leer y sosegar la mente.

- Parques de bolas, cumpleaños, centros comerciales... son lugares que el 100 % de las veces pueden desembocar en rabieta o sobreestimulación. Hay que prever dónde está el límite del niño para retirarlo de la histeria antes de que se produzca la crisis o, al menos, ir haciendo pausas que le tranquilicen y le sirvan para no entrar en bucle. Recuerda siempre tener sus necesidades de hambre y sed cubiertas; aunque él esté distraído y no lo pida, puede llegar el momento en que se note hambriento y provoquemos otra conducta negativa.

- Entender siempre que la rabieta tiene su origen en factores de saturación que pueden enmendarse con paciencia y comprensión.

- El juego no estructurado, las actividades al aire libre en el campo, la naturaleza, la playa... suelen ser los mejores aliados contra la hiperestimulación y este tipo de crisis. Tenlos en mente a la hora de organizar vuestra agenda. Aunque a veces queramos zambullir a nuestros hijos en nuestro ritmo de adultos, ellos necesitan otras rutinas que, al final, no solo les reportan beneficios a ellos, sino también a nosotros como padres.

- RABIETAS. Siempre presentes en la redacción, formando parte de la conducta del niño hasta los tres años, principalmente, es importante tenerlas en cuenta, comprenderlas y afrontarlas adecuadamente.

La empatía, sin duda, será el mejor aliado. Un niño aún no tiene las capacidades necesarias para razonar o gestionar sus emociones como lo hacemos los adultos, su cerebro aún está en proceso de maduración y sus reacciones, en ocasiones, son desmedidas. Los castigos, la rabia y las regañinas suelen ser poco efectivos con el NAS (y con la mayoría de niños, la verdad). Empatizar con ellos siempre ofrece mejores resultados.

Ante un niño descontrolado que no deja de chillar y llorar porque tiene que ir al cole en lugar de al parque, algunos padres perderán los nervios, le amenazarán y responderán con algo del tipo: «Tienes que ir a clase porque sí y punto, deja ya de montar el espectáculo, que, como sigas llorando, al final te voy a castigar».

Sin embargo, si tratas de comprenderlo y validas sus emociones, todo puede cambiar: «Cielo, entiendo que no te apetezca ir a clase, se está muy bien en la calle con el buen tiempo que hace. Pero esta tarde tendremos tiempo de ir juntos al parque después del cole y, además, podremos jugar con tus amigos». Es una alternativa que busca conectar con el niño, sin anular sus emociones desbordadas, sino dándoles respuesta y siendo comprensivos y respetuosos con ellas.

- DECORACIÓN Y COLORES EN LA HABITA-CIÓN. Su cuarto no debe estar sobrecargado. Debe ser un espacio tranquilo, relajante y casi minimalista, con pocas distracciones y sin colores demasiado chillones.

- PIJAMA Y ESPACIO DE CUNA. Si ciertos tejidos le molestan, asegúrate de que su pijama es el tipo de textura confortable que le gusta. No cargues su cuna de peluches, churros o sábanas de diferentes motivos. La sencillez es la clave.

«Entiendo ahora que no soy un desastre, sino una persona que siente profundamente en un mundo desordenado. Cuando alguien me pregunta que por qué lloro frecuentemente, le explico que es por la misma razón por la que río frecuentemente: porque estoy prestando atención».

GLENNON DOYLE MELTON

CAPÍTULO 6

LA ALTA SENSIBILIDAD EN LA ETAPA ESCOLAR

Probablemente esta sea la etapa en la que las característi-cas del NAS salen a relucir con mayor intensidad. Aquí, si tenías tus sospechas, llegarán las confirmaciones.

El niño altamente sensible tiene una personalidad y una forma de digerir el entorno muy especiales. Cuando llega el momento de acudir al colegio, relacionarse con otros com-pañeros, profesores, adultos y tareas diarias, su rasgo puede ser un arma de doble filo. Pero, como ya he dicho, no se trata de ningún tipo de problema si aprendemos a compren-der sus necesidades y adaptar la realidad a sus posibilidades. ¿Qué quiero decir con esto? Que tanto vosotros, los padres, como los maestros, deberéis respetar la personalidad y soli-citudes del niño, sin estigmatizar ni ridiculizar sus inquie-tudes y mucho menos sin forzar la realización de actividades o comportamientos que para él pueden ser insoportables.

Siempre fui una niña muy aplicada y adelantada en las clases, pero era terrible en Educación Física. Era algo que me generaba auténtico pavor, y la intensidad con la que el profesor y los compañeros exigían que fuera buena lanzando el balón o me diera prisa en el salto me abrumaba en exceso. Además, se creaba un entorno bullicioso donde era obligatorio seguir el ritmo de los demás y encajar en el grupo, algo que tampoco se me daba bien, pues era una niña algo más solitaria.

Cuando aparecieron las clases obligatorias de natación, creí morir. Teníamos unos siete años. Yo aún no sabía nadar, no había querido hacer ningún cursillo, no estaba preparada. El primer día en la piscina lo recuerdo con nitidez, como si no hubieran pasado casi treinta años. Fue horrible. El aire denso, el ruido, los chapoteos, los gritos de niños y profesores, las correcciones exacerbadas, los comentarios que daban a entender que era una inútil. Salí de allí con tal ansiedad que mi madre tuvo que hablar con la directora. Me negaba a volver a la piscina. Por supuesto, el colegio puso muchas pegas, era intolerable, tenía que hacer lo mismo que los demás, aunque supusiese un problema grave para mi salud tanto física como mental. Me sentí muy incomprendida. Pero mi madre me apoyó hasta el final. Como el resto de mi expediente era impecable, se hizo un canje y acepté una asignatura extra compensatoria, pero no volví a nadar. Me convertí en el bicho raro de la clase.

Tiempo después, con casi diez años, mi madre me enseñó a flotar en la piscina durante las mañanas tranquilas de verano. Cuando yo quise. Superado esto, me fijé en cómo nadaban los mayores y empecé a imitarlos. Yo sola, sin presión, cuando fue un reto personal que cogí con gusto. Aprendí por mi cuenta y ahora soy una excelente nadadora que acude tres veces en semana a la piscina.

¿Por qué los miedos de los niños son tan infravalorados y juzgados?

Lo que se ve a través de esta historia es que el hecho de que un NAS se niegue en un momento dado a hacer algo porque le abruma o le satura no significa que lo vaya a dejar por detrás del resto, que vaya a ser un inadaptado ni nada similar. Al contrario, si forzamos sus límites y no cuidamos su personalidad, nos arriesgamos a perder su confianza, a convertirlo en alguien temeroso y reservado, con muchos miedos y prejuicios sobre sí mismo.

Ante los problemas, las emociones que provocan malestar y ante ciertos estados, un NAS empezará a mostrar ya durante la infancia lo que será su patrón de respuesta. Hemos hablado mucho de los niños altamente sensibles introvertidos y tenemos una idea clara de cómo serán sus reacciones ante el desbordamiento emocional: hacia dentro.

Y ¿qué harán estos niños?

- Refugiarse en su cuarto.
- Mostrarse retraídos y silenciosos.
- Expresar sus emociones a través de la escritura o el dibujo.
- Pasar más tiempo a solas.
- Bajar el nivel de actividad.
- Dedicar, intuitivamente, más tiempo a la introspección y la reflexión.

Pero ¿qué pasa con los niños extrovertidos?

Estos presentarán conductas externalizadoras para gestionar las emociones desbordantes:

- Estarán sobreactivados o nerviosos.
- Harán muchas actividades.
- Pueden mostrarse ansiosos.
- Se refugiarán en las tareas escolares o el deporte.
- Comerán de manera desordenada.
- Se esforzarán por socializar, enfrentarse a las situaciones que temen y mantenerse activos.

En resumen, y al contrario de los introvertidos, estarán demasiado hacia fuera. Buscarán llenar su tiempo de actividad y de personas, mantenerse distraídos y ocupados, para evitar conectar con sus emociones.

Como padres, debemos conocer qué mecanismo pone en marcha nuestro hijo y ayudarlo a equilibrarse. Ayuda a tu hijo a encontrar un ritmo que no sea ni demasiado lento ni demasiado activado (recuerda que ya hablamos con anterioridad del nivel óptimo de actividad). Enséñale a moderar su nivel de actividad, a encontrar el punto adecuado de socialización: ni todo el día rodeado de gente ni todo el día solo. Como suele ocurrir con todo lo demás, en el equilibrio de la balanza siempre está la clave.

Un niño altamente sensible no es superior ni inferior a los demás, pero su forma de entender el mundo requiere un especial cuidado y hay muchas formas de gestionar adecuadamente su sensibilidad, favoreciendo un adecuado desarrollo y evolución, sin olvidarnos de sus peculiaridades.

¿Cómo podemos hacer esto? Escuchándolo, respetando y comprendiendo sus necesidades, favoreciendo su creatividad y animándolo con actividades interesantes para él, ayudándolo a gestionar su ansiedad y sus preocupaciones y siendo empático con su forma de adaptarse y socializar.

Vamos a ver todo esto con más detenimiento, analizando algunos de los puntos que pueden resultar complicados durante la primera fase de escolarización:

1) SOCIALIZACIÓN

Este tema suele preocupar mucho a los padres y a algunos maestros, y, personalmente, pienso que se debe a que no se ve desde la perspectiva adecuada. Y es que muchos entienden que los niños tienen que ser sociables por naturaleza, estar como locos por verse dentro de un gran y ruidoso grupo de infantes jugando sin parar. Cuando esto no sucede, cuando vemos a un niño más «retraído», que prefiere la tranquilidad, la soledad, o que solo se acerca a un par de amiguitos más afines a él, inmediatamente pensamos que algo anda mal. De nuevo, se trata de prejuicios y expectativas irreales. Lo que entendemos normalmente en el plano de los adultos parece ilógico en el ámbito infantil. ¿Por qué? ¿Por qué es aceptable que un adulto no quiera salir de fiesta y prefiera simplemente salir a tomar un café con su amigo de toda la vida y no podemos extrapolar esto a los niños? Se trata de un estigma que hay que erradicar.

Además, si hablamos de un NAS del tipo introvertido, todavía es más visible este gusto por la soledad, por socializar en entornos controlados y con poca gente, por disfrutar de la compañía de uno o dos niños, en lugar de grandes grupos.

Muchas veces nos preocupamos innecesariamente. De hecho, no han sido pocas las ocasiones en las que un NAS ha sido diagnosticado erróneamente de TDAH o trastorno del espectro autista por esto, por el hecho de no relacionarse con el entorno de la forma que todos esperan.

Pues bien, padre o madre de niño altamente sensible, ya sea tu hijo introvertido o extrovertido, probablemente su forma de hacer amiguitos, jugar o involucrarse con sus compañeros tenga su propio ritmo. Y no tiene nada de malo, no tiene por qué convertirse en un ser antisocial o aislado. Hay que borrar esa imagen cuanto antes, pues solo servirá para hacer atribuciones erróneas a su conducta y, tal vez, incluso trasladarle nuestra angustia y preocupación.

Entonces, ¿qué le pasa a mi hijo?

- Tu hijo siente con intensidad, piensa con intensidad. Para empezar, la forma de entender el mundo de tu hijo está, normalmente, por encima de su edad. Es decir, su edad mental es superior a su edad física, por eso le gusta tanto hablar con los adultos y realiza esas preguntas tan elocuentes y profundas.

- Al NAS le incomodan los lugares bulliciosos y caóticos, es demasiada información para procesar. Un parque de bolas lleno de jolgorio no es lo más atractivo para él.

- No siente la necesidad de «divertirse» de la misma forma que los demás. Que no esté jugando al escondite en el recreo con los demás no significa necesariamente que esté triste o se sienta dejado de lado, simplemente, que no le gusta ese juego y prefiere hacer otras cosas.

- La sobreestimulación es un problema real para él. Cargarlo con demasiadas actividades, charlas, gritos y un entorno sobrecargado le apabulla y lo hace colapsar.

¿Qué se puede hacer?

A veces me gusta responder que nada. Absolutamente nada. Evidentemente es un poco más complicado que esto, pero no demasiado. Mi referencia a la palabra *nada* alude a que lo único que deberíamos hacer es respetar la forma de ser del niño, sus tiempos, sus gustos y, en lugar de obligarlo o criticarlo, buscar otras vías para conectar con él, comprender su punto de vista y ofrecerle alternativas.

Lisa, mamá de un niño NAS

La profesora de mi hijo me llamaba constantemente. Y lo peor de todo es que decía cosas horribles de él: que era un inadaptado, que balbuceaba, que no atendía en clase, que era lento, que se quedaba solo en los recreos... La realidad era que la mayoría de niños se burlaban de él, y la maestra, en lugar de ver esto, lo alentaba (aunque no fuera a propósito) con las respuestas y desplantes públicos que le hacía al niño, más tímido y callado que los demás.

Decidí cambiarlo de colegio. Se hablaban horrores de una profesora entrada en edad a la que todos llamaban «la Bruja», pero me atreví a buscar algo diferente para mi hijo. Resultó que la Bruja entendió a la primera la personalidad del niño, que sintió devoción por ella desde el primer día. Mejoraron sus notas, mejoraron sus relaciones sociales y su participación.

A veces no es solo lo que somos, sino lo que los demás sacan de nosotros.

Tal vez a tu hijo no le guste jugar con toda la clase al pilla-pilla en el recreo. Pero sí le interesen las clases extraescolares de teatro, donde no solo hará nuevas amistades, sino que desarrollará su creatividad (el siguiente punto a tratar).

Déjalo ser él mismo y pregúntale qué quiere y por qué. A veces, es tan sencillo como eso para empezar a entenderlo.

«Cuando los sensibles que apostamos por un mundo mejor seamos muchos, los raros serán otros».

PABLO VILLAGRÁN

¿Cómo tengo la certeza de que no debo preocuparme?

Que haya dicho anteriormente que no pasa absolutamente nada con el rasgo de tu hijo altamente sensible y sus capacidades de socializar no significa que no exista la posibilidad de que, según qué casos, pueda haber realmente algún tipo de problema. Lo que pretendo dejar claro es que la alta sensibilidad, en su personalidad introvertida o extrovertida, no implica *per se* conflictos en las relaciones sociales, simplemente marca unas tendencias y ritmos diferentes. Ahora bien, tanto en niños altamente sensibles como en niños carentes de este rasgo, puede existir algún trauma o trastorno que verdaderamente esté impidiendo llevar una vida social saludable.

¿Cómo lo diferenciaremos?

Una cosa es la mera timidez, y otra, la fobia. Que un niño o adolescente prefiera grupos reducidos o tarde más tiempo en tomar confianza no conlleva una problemática, depende de su carácter o temperamento. Sin embargo, si ante cualquier evento social que implique interactuar con personas diferentes a las del entorno familiar, observamos que se ruboriza, presenta dificultad para hablar, le atacan las náuseas y los temblores y suda en exceso, quizá haya que empezar a preocuparse. La fobia social sí es un trastorno con gran impacto en la vida de quien la padece y, ante estas situaciones extremas, es aconsejable consultar con un especialista para poder atajar el problema y buscar una evolución positiva en el niño. Nos daremos cuenta de que, ante cualquier evento que implique relacionarse con otros, las reacciones o miedos del niño son irracionales y desmedidas: mucha angustia, llanto y mal comportamiento. Y será así en prácticamente todos los casos y círculos sociales, prolongándose el cuadro de ansiedad en el tiempo. En este momento es cuando debemos pensar en hacer algo al respecto consultando con los profesionales y, sobre todo, sin ser alarmistas y mostrando siempre comprensión y apoyo a nuestro hijo, sin forzarlo a vivir situaciones que pueden llegar a ser verdaderamente traumáticas para él.

Ni que decir tiene que, hoy en día, el auge de las tecnologías ha mermado nuestras capacidades generales para relacionarnos con los demás. Minimizar el impacto de los móviles, las consolas y la televisión, facilitando que tu hijo, desde bien pequeño, tenga la sana costumbre de disfrutar de tiempo libre con otros niños y otras personas, será beneficioso, pues, como sabemos, las habilidades sociales se aprenden. Tal vez, en este siglo XXI, hemos olvidado un poco cómo enseñarlas.

2) CREATIVIDAD

El NAS, como ya he explicado, tiene una capacidad de percibir las sutilezas tan intensa que lo convierte en un pequeño artista y consumidor de arte. La belleza está en las pequeñas cosas, y el niño altamente sensible puede verlo. Fomentar esto es sano en cualquier etapa y para cualquier pequeño, pero si tu hijo es altamente sensible, cobrará una especial relevancia.

A través del arte y la creatividad el niño expresará su forma de sentir, pensar y ver el mundo, será una manera de comunicarse y dar rienda suelta a ese rasgo tan fabuloso que lo distingue.

Para favorecer la creatividad y el pensamiento divergente, es muy importante el juego libre no estructurado. El niño debe tener la posibilidad de aburrirse, distraerse y de pensar. Como he recalcado, no hay que empeñarse en sacar más al niño para que aprenda a adaptarse y a relacionarse como a nosotros nos gustaría, hasta saturarlo y hacerlo entrar en un bucle. El niño altamente sensible necesita su espacio, respetar esto puede hacer maravillas.

Es positivo también darle la posibilidad de acudir a clases de arte: pintura, música, baile, teatro…, todo lo que genere en él una inquietud que abra las puertas de su mundo emocional.

La educación emocional es compleja por lo vasta que es, sobre todo cuando tu hijo demuestra una profundidad y una sensibilidad tan madura. Implica el autoconocimiento, autoestima y habilidades sociales, entre otras cosas.

El ámbito académico no es lo único que existe. Si tu hijo es feliz bailando, caminando en la naturaleza, nadando en soledad, haciendo teatro o escribiendo cuentos, apóyalo. Las personas altamente sensibles están hechas para destacar (sobre todo en el terreno artístico), deja que sus habilidades y su rasgo se desenvuelvan libremente en el campo que más le atraiga.

Gracias a esto, podemos influir muy positivamente en su desarrollo y su integración. Lo más importante para un NAS es darle alas y aire para volar, no atarlo para que se camufle entre la bandada.

> «Los mayores logros de un niño son posibles
> en el juego, logros que mañana se convertirán
> en su nivel básico de acción real».
>
> LEV SEMIÓNOVICH VYGOTSKY

3) ANSIEDAD Y PREOCUPACIÓN

Un tema al que hay que hacer frente cada día. El niño altamente sensible es autoexigente, excesivamente empático y preocupadizo: les da muchas vueltas a las cosas.

Es frecuente que observes cierta tendencia a rumiar y a obsesionarse con las cosas. La rumiación es una estrategia que usa nuestra mente para mantenernos en el plano cognitivo (pensamientos), alejándonos de nuestras emociones, las cuales resultan perturbadoras. Por ejemplo, para un niño que tiene miedo, conectar con esa emoción y experimentarla puede resultar perturbador, por lo que su mente pone en marcha el mecanismo de la rumiación y empieza a darle vueltas al objeto de su preocupación o temor.

Es frecuente que aparezcan también las anticipaciones catastróficas: el niño se anticipa a las situaciones que le provocan malestar, imaginando además el peor de los desenlaces.

Esto, llevado al exceso, deriva en estrés y ansiedad, algo que no debería experimentar un niño en esta etapa (ya habrá tiempo de ser adultos agobiados...).

¿Qué le puede afectar tanto? La salud, la imagen que la televisión y las redes venden de cómo debemos ser, las relaciones con los demás, lo que se exige de ellos delante de la gente, la familia, la situación económica o la tensión reinante en casa, los estudios, el colegio...

Lara, 36 años

Recuerdo perfectamente una pregunta que surgía mucho en mi mente durante mi infancia, cuando tenía unos ocho o nueve años: ¿quién soy? Aún siento con nitidez el efecto de esa cuestión en mi mente, el vértigo, el vacío existencial y el descontrol. Tal vez era demasiado pequeña para plantearme estas cosas o para experimentarlas con semejante intensidad. Me preocupaba mucho saber quién era, a dónde pertenecía y a dónde iba. Parece un sinsentido a tan temprana edad, ¿verdad? Pero a mí realmente me angustiaba. Siempre he necesitado tener cierto control sobre todo lo que sucedía a mi alrededor. Mi entorno y mi familia no terminaban de comprenderlo, pero yo sufría mucho por los estudios, por la salud de mi madre (que en aquel entonces estaba enferma) y por el bienestar de mi hermano mayor (a quien hacían «bullying» en el colegio). Me involucraba de tal manera en todo esto que era insano.

Ahora, con la madurez de los años y el conocimiento de mi rasgo, puedo comprenderlo todo mucho mejor. Pero, con ocho años, solo tengo memorias de preocupación, de sentirme sola y con la obligación de afrontar todos los problemas como si no hubiera nadie más en el mundo. Sí, a eso me recuerda mi infancia, a algo agridulce y tenso.

Preocuparse será una característica nata del niño altamente sensible, pero podemos enseñarle a sobrellevarlo y ponerlo en el lugar indicado, fomentando la resiliencia y la estabilidad emocional.

- Una técnica estupenda para esto es «la caja de las preocupaciones»: le diremos que imagine una caja, con una cerradura y una llave. Cada vez que le ronde una intranquilidad, tendrá que cerrar los ojos, imaginar la caja, meter su preocupación dentro y cerrarla con llave. Más tarde, en el momento que elijamos, iremos sacando los papelitos con las preocupaciones y lo ayudaremos a relativizarlas o a buscarles solución.

- También podemos organizar un rato al día que sea «el momento de preocuparte» y lo animaremos a que durante el día, cuando le vengan preocupaciones, las posponga para hablarlas en ese espacio que hemos reservado para ello. Si es más mayorcito, podemos animarlo a escribirlas en un diario. Durante esa hora se hablará tranquila y abiertamente sobre cualquier tema que le preocupe, pero el resto del tiempo trataremos de que viva libre de preocupaciones. Es una manera de tener un poco de control sobre las rumiaciones, que suelen ser invasivas y aparecer en cualquier momento del día perturbándole.

- Otra clave para promover la despreocupación en los niños es animarlos a no centrarse tanto en los problemas, sino en las soluciones. Enfocarse en cómo lograr resolver un conflicto pone el énfasis en las soluciones y en nuestra capacidad para llevarlas a cabo.

- Puede ser otra alternativa el «diario de los pequeproblemas», donde invitaremos al niño a redactar y recoger todas aquellas cuestiones del día o la semana que le han generado inquietud, preocupación o malestar. Después, acordaremos un día o momento para leer y compartir esto con el propósito de buscar soluciones a sus problemas, alivio a través del diálogo y comprensión para validar sus emociones y fomentar la confianza en sí mismo.

- A un niño preocupadizo le vendrá de maravilla la meditación, la búsqueda de momentos reflexivos de paz y sosiego. Enséñale a hacer esto. Puedes poner una música relajante de fondo e indicarle que cierre los ojos y preste atención a su respiración, concentrándose únicamente en esto. También puedes enseñarle un mantra que pueda repetir y que llene su mente. O podéis salir al campo, al jardín o a la montaña, buscar un claro sobre la hierba y prestar atención a los sonidos de la naturaleza. Cualquier técnica de relajación que pueda llevarse a cabo durante algún momento de la semana y contribuya a su autoconocimiento y autocontrol.

Un niño altamente sensible no podrá evitar darles vueltas a las cosas, está en su personalidad, pero puede aprender a gestionarlo de forma adecuada y provechosa.

4) LOS CAMBIOS

El NAS responde a los cambios con resistencia. Esta característica se mantendrá a lo largo de la vida. No importa que el cambio sea bueno o malo. Por lo general se evitarán los cambios por miedo al sufrimiento o se actuará de forma impulsiva. En cualquier caso, evitar el sufrimiento es complicado.

En el niño veremos que le cuesta afrontar lo nuevo (empezar el colegio, alimentos nuevos, personas nuevas...) y presentará cierta tendencia a vivirlo con estrés y ansiedad.

Podemos observar rabietas, resistencias o llanto cuando se enfrenta a lo novedoso.

Por eso, en la vida adulta, muchas veces permanecen en relaciones de pareja o en trabajos que no los hacen felices por largo tiempo. Se apegan mucho a las personas y las situaciones y tienden a la estabilidad. Esto tiene un lado bueno, pero también uno malo: a veces les cuesta mucho aceptar la realidad y se conforman con algo que no los hace felices.

El caso de Nico

Nico tiene 36 años y está casada. Tiene dos adorables niños. Viene a consulta con un cuadro mixto de ansiedad y depresión. Es una persona algo seca de primeras, responde de manera brusca cuando le pregunto. Está a la defensiva y ni siquiera lo nota. Debajo de esa coraza, hay mucha ternura y miedo, y emociones tan desbordantes que ha necesitado cerrar su corazón para no sufrir.

Con el transcurso de las sesiones se va abriendo, y exploramos una infancia llena de soledad e incomprensión. Creció con unos padres nada sensibles, demasiado inmersos en ellos mismos como para atender emocionalmente a su hija. Me contaba que creaba mundos imaginarios para escapar de una realidad que le sobrepasaba. Y en su soledad, con sus amigos imaginarios, estaba tranquila y feliz.

Nunca tuvo demasiados amigos. Las relaciones con los demás le resultaban perturbadoras. Las disfrutaba, pero le generaban emociones tan intensas, positivas o negativas, que pronto se cansaba y necesitaba la soledad.

Ahora no se encuentra feliz en su matrimonio. Convive con una persona nada sensible, ruda, hosca y desconsiderada. La distancia entre ellos es cada vez más grande, y hay heridas que ella siente que ya no se pueden cerrar. Aun así, es incapaz de separarse. El apego que siente por su marido y por su idea de familia es tan grande que le supone un mundo afrontar este cambio. Se sabe apegada a su expectativa, a su idea de cómo sería su vida, y no a la realidad de cómo es. No obstante, la idea de afrontar un cambio tan importante le abruma y paraliza. Por ello sigue evitándolo.

La evitación es uno de los mecanismos que más ponen en juego las personas altamente sensibles. Ante una emoción perturbadora (miedo, inseguridad, frustración) que produce displacer, tendemos a evitarla. A nuestro cerebro no le gusta mucho salir del equilibrio emocional, por lo que, cuando aparece el displacer, tiende a hacer algo para que este desaparezca. Generalmente, es la evitación. Si evitas las situaciones potencialmente perturbadoras, evitarás las emociones que conllevan.

Otro mecanismo que ponemos en juego es la rumiación. Para huir del malestar emocional, tu cerebro se focalizará en el plano mental. Empezarás a «pensar» en vez de «sentir», analizando la situación, buscando posibles soluciones, reviviendo aquella situación o tratando de racionalizar por qué te sientes así.

En los NAS, como ya hemos explicado en este capítulo, sucede exactamente lo mismo. Tienden a evitar exponerse a situaciones que les puedan perturbar, lo cual observamos en algunos casos como timidez, retraimiento o introversión. Además, aparece esa tendencia al análisis profundo de la información, de los sucesos, tratando de entender, asumir, digerir.

Para el 30 % de NAS extrovertidos, ya hemos mencionado que su reacción suele ser completamente opuesta.

El caso de Ruth

Ruth tiene ocho años. Lleva el pelo largo y un flequillo que odia. Es una niña abierta, simpática, habladora y vivaz. Nadie diría nunca que es una niña excesivamente vulnerable: decidida, dispuesta, nada vergonzosa...

Pero Ruth es una NAS del grupo extrovertido. Debajo de esa apariencia fuerte y dinámica, alegre y risueña, hay un corazón tremendamente sensible. Tras las risas que la acompañan, la energía y su voz potente, hay una mirada azul con un fondo triste.

Y sufre una de las consecuencias de no parecer vulnerable: no es cuidada emocionalmente por su entorno. No se la trata con la delicadeza que necesita. No se le facilitan las cosas ni se le ayuda en exceso.

De cara a sus padres y amigos, Ruth puede con todo. Y, además, es precisamente ella la que siempre está dispuesta a ayudar al otro, atenta. Es tan empática, sufre tanto cuando ve sufrir a otros, que es ella la que consuela, la que cuida, la que atiende emocionalmente. Pero solo tiene ocho años. Necesita ser cuidada. Ser tratada como el ser frágil y hermoso que es, lleno de sensibilidad, de apreciación por lo sutil, de miedos, inseguridades y tristeza.

Sin embargo, está creciendo sola. Un poco a su aire. Y así se siente a menudo: sola y con falta de cariño.

Pero es tan buena, tan generosa, que, cuando se siente sola, cuando alguien le habla con brusquedad o no es cariñoso con ella, lo justifica y lo disculpa.

La etapa escolar es una fase intensa de reafirmación, adaptación y descubrimientos. Un sinfín de emociones y situaciones novedosas que bullen con tremenda intensidad en la mente de tu hijo. Ser comprensivo con esta vorágine será lo principal. Después, fomentar la comunicación y las alternativas en casa permitirán que el niño se sienta apoyado y que encuentre refugio.

Hoy en día, la alta sensibilidad es muy conocida, comentar este punto con los maestros también permitirá que el entorno educativo entienda la personalidad de tu hijo y use las herramientas adecuadas para sacar el mayor partido de este diamante en bruto. Porque la alta sensibilidad, abrazada y querida, es sin duda alguna el mejor de los dones.

«Los verdaderos guerreros en este mundo
son los que ven los detalles del alma de otro.
Ven la transparencia detrás de las paredes que
levantan las personas. Se sostienen en el campo
de batalla de la vida y exponen la transparencia
de su corazón, para que otros puedan terminar
el día con esperanza. Son las almas sensibles
que entienden que, antes de que pudieran ser
una luz, primero tenían que sentir el fuego».

SHANNON ALDER

CAPÍTULO 7

ÉXITO Y ALTA SENSIBILIDAD

Acepto que la alta sensibilidad sea aún bastante desconocida. Acepto que sea un término relativamente reciente que todavía necesita difusión y comprensión. Acepto que esta sociedad no ha aprendido a respetar o valorar la sensibilidad como algo positivo, tildándola más bien de debilidad. Lo que, sin embargo, no debe ser aceptable es la estigmatización extrema que solo pone el foco en lo negativo. Porque cada persona es un mundo. Todos tenemos personalidades diferentes, con sus cosas buenas y sus cosas malas. Lo mismo sucede con las PAS. Tener este rasgo, al igual que el 20 % de la población mundial (lo que demuestra que se trata de una minoría, pero no de algo tan inusual), no lleva implícita la depresión, la timidez, el fracaso o el miedo. De hecho, ya se ha ido explicando a lo largo del libro que no tiene nada que ver con esto.

Es muy probable que haya quien no crea en este tipo de personalidad: «Eso son solo etiquetas nuevas que se ponen para justificar que uno es un blandengue», dirán muchos de tolerancia, empatía y comprensión limitadas. Pero la realidad es que la alta sensibilidad existe y cada vez tiene más respaldo científico.

Como madre o padre, es normal verse sobrepasado: pensar que tu hijo es diferente y que no sabes si tendrás las herramientas o las aptitudes necesarias para ayudarlo a lo largo de su crecimiento. Los seres humanos tendemos a agobiarnos, es normal. Pero tranquilo, pese a que, como todo, hay una parte que puede ser negativa, lo bueno es excepcional y único. Tu hijo será una gran persona que hará un aporte destacable en su entorno. Ya he explicado en el capítulo uno que el hecho de que el 20 % de los humanos y otras cien especies tengan el rasgo está asociado a ventajas de supervivencia. ¿No es esto maravilloso?

El NAS tiene un sistema neurosensorial más desarrollado que la mayoría, lo que le produce complejas vivencias y sensaciones que pueden sobrecargarlo. Ahora bien, es esto mismo lo que, en el futuro, le permitirá adelantarse a los acontecimientos, ver más allá, planear, decidir, ejecutar con responsabilidad, conectar con los demás y entender sus necesidades. Esto, en definitiva, es la madera de alguien destinado al liderazgo.

Cada vez son más las personas que salen de su caparazón para gritar con orgullo que son PAS. Gracias a esto, conocemos numerosos ejemplos de personas que, pese a haber tenido una infancia donde tal vez no fueron apoyados o comprendidos, han logrado defender su rasgo y sus necesidades llegando a alcanzar el éxito en la madurez.

La cantante Alanis Morisette, a la que ya hemos mencionado, es una de ellas. Una cantante de fama internacional capaz de vender 30 millones de discos. Su sensibilidad, su profundidad de reflexión y la empatía con su público le permitieron ofrecer algo diferente, algo único. «¿Te estreso? Lo único que quiero es un poco de paciencia. ¿Te desgasto? Me frustra tu apatía. Solo quiero un poco de paz, una tierra común, comodidad; lo que quiero es justicia». Así rezaba, en 1995, su canción *All I really want*.

Es la intensidad de su sensibilidad lo que la define y lo que la hace destacar. Por supuesto que, siendo una cantante tan reconocida, ha vivido etapas de estrés y sobrecarga, y tal como ella misma cuenta, no ha sido fácil. Pero el mensaje que os trato de transmitir es que la alta sensibilidad no debe anularse, sino canalizarse y aprovecharse, pues de ella se extraen cosas inigualables.

Tu hijo AS tiene mucho que ofrecer, pues su forma de ver y sentir el mundo difiere del 80 %. Pensar que esto no es un don es de lo más irracional.

Otro ejemplo inspirador podría ser el de Madisyn Taylor, que también participó en el documental *Sensible: la historia no contada*. Madisyn es una PAS que, durante muchos años, se vio saturada por el mundo que la rodeaba, hasta el punto de impedirle salir de casa. Aceptarse y ser capaz de manifestar sus necesidades y compartir su forma de entender la paz interior la encumbraron al éxito. Actualmente es escritora, *coach* y fundadora de la plataforma DailyOm, que ofrece cursos, actividades y diferentes herramientas para el cuidado natural de la mente, el cuerpo y el espíritu. Ha cosechado miles de seguidores. Ha convertido su filosofía y sus necesidades en el método perfecto de sanar a otras muchas personas y convertirlo en su propio sustento. Su propia jefa, su propia mente creativa. Todo a raíz de lo que ella misma es. De conocer, respetar y enfocar adecuadamente su naturaleza.

No hay que indagar mucho para ver otros casos de PAS con éxito y repercusión. La historia de la propia Elaine Aron ya es suficientemente llamativa.

Del comentario peyorativo de alguien que juzgaba su sensibilidad, sacó una novedosa investigación que la llevó a descubrir este rasgo de personalidad, cambiando la vida de millones de personas en el mundo, así como el curso de numerosas investigaciones sobre las emociones. ¿No es esto lo suficientemente representativo?

La alemana Kathrin Sohst no solo ha escrito *El poder de la sensibilidad* (Ed. Ariel), sino que también ha organizado el primer congreso científico para concienciar de que «hay que sensibilizar al mundo». Según sus propias palabras, «el tipo duro ya no tiene sentido en una sociedad cambiante y necesitada de solucionar grandes retos donde cobran gran valor la empatía, la fortaleza y la creatividad de los altamente sensibles».

Y es que, en el entorno laboral, la empatía, la versatilidad y la creatividad son cualidades al alza hoy. Sin embargo, la sociedad sigue premiando al tipo duro y rígido. Según la germana, todo tiene que ver con el aprendizaje erróneo a la hora de entender lo que se necesita. Nuestro mundo ya no es tan seguro como lo era hace 20 o 30 años, cuando crecía constantemente. Se requiere más sensibilidad para cambiar un mundo que pide cambios y en el que ya están actuando gente con consciencia y muchas PAS que son líderes en su trabajo, porque no todos sufren.

No, no todos sufren. Algunos, como ella, alzan la voz, alto y claro, y encabezan proyectos inspiradores que sacuden a muchos otros.

Para cerrar este listado de ejemplos ilustres, la incomparable Audrey Hepburn era una clara PAS. Se sabe de la gran actriz que le resultó complicado adaptarse al mundo cinematográfico. Los focos y ruidos del plató le abrumaban. Siempre necesitaba tiempo para prepararse, silencio y soledad para concentrarse. De hecho, su propio agente de prensa explica que la carrera profesional de Audrey siempre ocupaba un segundo lugar, que jamás sintió el deseo de convertirse en una estrella de cine y que le preocupaba profundamente su felicidad personal, la paz, el amor, los niños y un marido al que amar.

También se decía que era muy meticulosa, una consumada profesional preocupada por los detalles que conectaba muy bien con los demás, sobre todo con otras PAS. Trabajando con Cary Grant (otro ilustre y exitoso personaje PAS), sintió una gran conexión que les facilitó la comunicación y el trabajo. Parece que llegar a la cima no es incompatible con el rasgo.

Grant es el ejemplo de que los hombres pueden ser varoniles, atractivos, exitosos y respetados y tener, al mismo tiempo, sentimientos profundos. Las personas que he mencionado han sido seleccionadas por el valor de su historia, pero dentro de ese 20 % de población altamente sensible, no existe distinción entre hombres y mujeres, afecta por igual a ambos géneros. ¿No lo convierte en un rasgo todavía más interesante?

Lamentablemente, la vieja cultura fuertemente patriarcal que arrastramos hace que la sensibilidad sea objeto de burla, especialmente si se trata del hombre. Una dificultad añadida para las PAS de este sexo. Aceptar que el concepto de «macho alfa» está obsoleto y desactualizado es algo que aún se debe trabajar en la sociedad. El apoyo del entorno es fundamental en este caso. Numerosos CEO de grandes compañías, emprendedores, escritores y artistas son altamente sensibles. Hombres con gran capacidad de liderazgo y una llamativa vena creativa resultado de su rasgo que, en muchas ocasiones, se han visto obligados a esconder.

En pleno siglo XXI, y como padre o madre, sabes que no debes inculcar desigualdades o distinciones de este tipo en tu hijo. Pero ahí fuera el mundo todavía no ha hecho este cambio de mentalidad, así que, si tu hijo es un NAS, edúcalo con el amor y el respeto necesarios para que, aunque vaya a encontrar estas carencias en el exterior, nunca representen un problema para él. La seguridad en sí mismo y el respaldo de su familia serán todo lo que necesite para comerse el mundo, digan lo que digan de él.

La aceptación incondicional es el mejor regalo que puedes hacerles a tus hijos. No importa cómo sean, si eran como esperabas o imaginabas, o siquiera como te gustaría. Todo eso carece de importancia. Tus hijos son seres genuinos y únicos, seres de luz, con brillo propio. Son geniales como son. Aprender a conocerlos de manera genuina, descubrir su verdadera naturaleza y acompañarlos en el camino de descubrir su propósito en la vida, sea cual sea, es lo que necesitan de ti. Actúa de tal manera que se sientan aceptados y amados incondicionalmente, pues el único amor de este calibre que recibirán en la vida solo puedes dárselo tú. Los padres somos los únicos con la capacidad de amar incondicionalmente a nuestros hijos. El resto de amores, no lo dudes, son todos condicionales.

Un niño que se sabe amado tal cual es, aceptado y valorado desarrollará esa misma forma de quererse. Se aceptará y se querrá, se sentirá valioso. Comprenderá que, pese a sus defectos o debilidades, como todos, es un ser que merece ser amado.

Y es que de todo esto podemos extraer la conclusión de que, como madre o padre de un NAS, no tienes nada de lo que preocuparte. Con mucho amor, respeto y paciencia, tu pequeño florecerá. Él mismo deberá aprender a entenderse y ser fiel a su personalidad y necesidades. Salvado este escollo, hemos comprobado que las personas altamente sensibles destacan en uno u otro sentido. Es precisamente su rasgo lo que les da el impulso y les engrandece.

Puede que no, que la crianza no vaya a ser sencilla, que en ocasiones caigas en la trampa de comparar, de sentirte mal ante comentarios negativos o críticas de personas ajenas (o quizá no tan ajenas), pero ten siempre presente que eres madre o padre de un ser muy especial, cuya forma de vivir y entender el mundo es excepcional, alguien que tiene mucho que enseñar y cuyas emociones no deben ser silenciadas.

LA LEYENDA DE «LA GENERACIÓN BLANDITA»

No sé si habéis escuchado esta expresión en referencia a los jóvenes de hoy en día. Se les atribuye demasiada sensibilidad, se los acusa de ser blandengues y tolerar mal la frustración.

A diario trabajo con jóvenes y adolescentes en consulta. Tengo el privilegio de estar en contacto con ellos con frecuencia, y eso me gusta. Yo no sé si son una generación «blandita», lo que sí aprecio es que están más conectados con el mundo emocional que nosotros lo estábamos en su día. Yo no recuerdo haber hablado de emociones o sentimientos con la destreza y el conocimiento con que lo hacen ellos. Con su sensibilidad y esa naturalidad con la que transmiten lo que sienten. La mayoría no se avergüenza de hablar de sentimientos ni de pedir ayuda. Cada día son más los chavales que piden ayuda psicológica por iniciativa propia, conscientes de la importancia de cuidar su mente y su alma.

La palabra «blandos» suena despectiva. No sé si se trata de eso. Lo que sí tengo claro es que esta generación parece mostrar una menor resistencia a conectar con su mundo emocional, y eso es algo bueno.

Aunque, por otro lado, esta mayor sensibilidad o mayor conexión e introspección puede conllevar un lado oscuro: las cifras de ansiedad y depresión ascienden cada año.

Espero y deseo que seamos capaces de ayudar a nuestros hijos a vivir más plenamente, con menos sufrimiento emocional, siendo capaces de abrazar su sensibilidad y aprendiendo a vivir con ella en equilibrio y sosiego.

* * *

En realidad, lo que se desprende de todo esto es la mentalidad antigua que arrastramos y cuyos resultados o convicciones tratamos de verter sobre las nuevas generaciones, marcando expectativas o valores que ya no se adaptan a la realidad del mundo actual. Hoy en día lo que debe resultar raro es el machismo, el racismo, la homofobia, la exclusión según la clase social, etc. Ideas que antes eran normales y cada vez van perdiendo fuerza, aunque aún no estén erradicadas del todo.

Sentirse vulnerable, tener emociones, sensibilidad, empatía y conflictos, debería dejar de ser considerado un defecto o algo propio del género femenino (hace años que lo del sexo débil no se usa). Las nuevas generaciones vienen reclamando más espacio para sentirse libres de expresarse sin que eso les estigmatice. Tal vez el mundo no esté cambiando o adaptándose a la velocidad que nos gustaría, pero con personas altamente sensibles capaces de demostrar que su rasgo es una ventaja, y padres que apoyen esto, la evolución a mejor está asegurada.

¿Cómo guío a mi hijo en la dirección correcta?

Y aquí cobra especial relevancia la orientación profesional. Como para cualquier niño, un don, un punto fuerte, un talento, debe ser explotado correctamente, de lo contrario, no sirve de nada, incluso puede provocar frustración a largo plazo.

Un problema general a nivel educacional es la falta de una adecuada orientación profesional. No me refiero únicamente a los típicos cursos o encuentros que se dan a los adolescentes al borde de precipitarse a la universidad, sino de lo que tú, como padre o madre, puedes también hacer desde la infancia.

El mundo laboral es inmenso y, por desgracia, hoy en día afrontamos tasas de desempleo desorbitadas, por no hablar de otras cuestiones como el descontento laboral, la pérdida de derechos, los abusos en las jornadas... Pero, más allá de esto, dejando de lado tantas cuestiones, hay algo sencillo que podemos hacer por nuestro NAS para allanar el camino del futuro: orientarlo correctamente. ¿Y cuál es la clave básica? Prestar atención.

Prestar atención a sus cualidades. Escucharlo, entender lo que le gusta, lo que le apasiona, lo que le interesa. También observar sus talentos naturales, qué se le da bien, en qué destaca, para qué tiene habilidades.

Todos nos obcecamos con que saquen buenas notas en Matemáticas y dominen el inglés, desbordándolos de tareas y clases extraescolares para que mejoren cuando van mal. Pero ¿qué pasa cuando sobresalen en otra asignatura? ¿No lo motivamos? ¿No pensamos que por ahí puede discurrir su futuro laboral? Con unas tasas de desempleo juvenil en torno al 50 % y de abandono escolar del 25 %, descubrir cuáles son las potencialidades y cómo adaptarlas al entorno laboral puede ser decisivo.

Hemos hablado de grandes empresarios, artistas y profesionales que han sabido explotar su don de la alta sensibilidad para destacar en su trabajo y obtener éxitos notables. Tu hijo necesitará que lo apoyes en este sentido, que lo escuches y comprendas. Necesitará conocer todas las alternativas disponibles, no solo las que la familia o el profesorado considera que tienen mejores salidas. Cualquier estudiante necesitará conocerse mejor, saber cuáles son sus puntos fuertes y sus destrezas, así como las habilidades que tiene que mejorar o adoptar para cumplir sus sueños. Pero también deberá conocer el estado del mercado laboral y la realidad social para poder decidir con claridad.

Hay un alto porcentaje de jóvenes que, al terminar sus estudios universitarios, acaban dedicándose a otra cosa, en ocasiones porque los estudios les defraudaron, porque las salidas profesionales tenían poco que ver con lo que esperaban o porque la oferta laboral es escasa. ¿No es una pena que esto suceda cuando, con total claridad, alguien destaca en algo que verdaderamente le gusta? ¿Por qué obligar a alguien a estudiar ciencias si su mayor deseo es convertirse en pintor?

Esto tal vez esté relacionado con todo lo mencionado anteriormente, los pensamientos colectivos que arrastramos de antaño, los miedos generalizados al fracaso, la imposición de ir a lo seguro y nunca arriesgar.

Orientar adecuadamente a los niños es fundamental, apoyarlos y favorecer aquello que los hace felices y se les da bien. Esto es sumamente importante cuando hablamos de la alta sensibilidad, pues arriesgamos a convertirnos en el palo en la rueda del niño de grandes emociones y delicados talentos.

Por su naturaleza, el NAS destaca en las artes, las humanidades, las carreras diplomáticas y sanitarias. Su carácter empático, emocional, analítico y profundo le permite destacar en cualquier profesión. Imagina lo que puede llegar a hacer tu hijo si, además, trabaja en algo que le apasiona. ¿Quién no querría ser parte de eso?

- Respeta su rasgo, no anules su sensibilidad.

- Anímalo a expresarse y a explorar todas aquellas curiosidades y variantes de su personalidad.

- Enséñale a defender lo que quiere. Que su carácter, a veces más retraído, o su miedo al conflicto no le impida luchar por sus sueños o hablar alto y claro en cuanto a lo que le gusta y prefiere hacer.

- No niegues algo rotundamente sin explicación, razonamientos o ejemplos. Busca las alternativas existentes, dialoga y, si él quiere una carrera, formación o trabajo concreto, muéstrale que tendrá que formarse, esforzarse y dedicarle tiempo. Da igual si quiere ser ingeniero o actor, igualmente deberá formarse y crear unas competencias y un currículo adecuados.

- Muestra interés en saber por qué le entusiasman las cosas. El NAS es muy empático y se contagiará de tus emociones. Tu crítica o reprobación le hará mucho daño. Tratar de ser cercano, comprensivo, y participar de su entusiasmo le reportará confianza y calma.

«Los líderes exitosos ven las oportunidades
en cada dificultad en vez de la
dificultad en cada oportunidad».

REED MARKHAM

Epílogo

Tu hijo es un ser de luz. Eso es un Niño Altamente Sensible. Un niño que reúne una serie de rasgos de personalidad y de cualidades que le hacen tremendamente especial.

Un niño vulnerable en un mundo donde las emociones se han dejado de lado, donde nos han trasmitido la idea de que ser sensible es ser débil.

Un mundo que promueve la uniformidad, que seamos lo más parecido al resto posible, algo que choca con la individualidad inherente al ser humano. La naturaleza nos creó a todos diferentes, genuinos e irrepetibles.

Conoce a tu hijo, respeta su personalidad. Bríndale el amor y el acompañamiento que necesita. Guíale. Ámale incondicionalmente. Olvida todo lo que no es tan importante (que suele ser la mayoría de cosas que nos preocupan cada día) y céntrate en lo que de verdad necesita: tu presencia y aceptación plena.

Observa su potencial, cómo crece, como aprende. La personita en la que se va convirtiendo. Tú tienes mucho que ver en eso. Disfrútalo, y siéntete buena madre y buen padre, porque seguro que lo eres.

Espero que este libro te haya servido para conocer algo mejor a los niños altamente sensibles, con toda la complejidad que este rasgo de personalidad conlleva.

Deseo, además, que te haya brindado una visión amplia y rigurosa de la personalidad de tu hijo, y que eso te ayude a acompañarle en el viaje de la vida con comprensión, amor y conciencia.

Eres el padre o la madre que tu hijo necesita. La vida os ha reunido en este viaje y eso es maravilloso.

Alicante, mayo de 2021